DEN U GOURMET RISOTTO KOKBOKEN

100 ITALIENSKA RISOTTORECEPT FÖR ATT BEMÄSTRA DINA MATLAGNINGSFÄRDIGHETER

MONA LINDSTRÖM

INNEHÅLLSFÖRTECKNING

INTRODUKTION

Varför ris är så viktigt i risotto

Risotto, när den är som mest grundläggande, är ris kokt i buljong. Ris är stjärnan här eftersom det producerar stärkelse - den ständiga omrörningen under tillagningsprocessen gnuggar bort stärkelsen från risets yta, där den löses upp i och förtjockar kokvätskan. Att välja ett ris som inte har tillräckligt med stärkelse innebär att den kännetecknande krämiga konsistensen hos en god risotto aldrig kommer att uppnås.

Så vad gör ett bra risottoris? Leta efter ris som är kort- till medelkornigt i storlek, fylligt och har ett högt innehåll av amylopektin (stärkelse). Dessa typer av ris håller också bra vid konstant omrörning - den slutliga konsistensen är mjuk, men har en liten tugga i mitten av varje korn.

Typer av risottoris

A. **Carnaroli:** Kallas "kungen" eller "kaviar" av risottoris, kockar gillar att använda denna för dess fantastiska smak och för att varje korn behåller sin form. Den ger också den krämigaste risotton och är mer förlåtande att laga mat med.

B. **Arborio:** Denna variant av ris är inte lika stärkelsehaltig som carnaroli, men det är den mest tillgängliga. Detta medelkorniga ris kan vara lätt att överkoka eller göra mosigt, men med noggrann uppmärksamhet kan det fortfarande göra en fantastisk risotto.

C. **Vialone Nano:** Thans kortkorniga ris odlas i Veneto-regionen i Italien och kan inte odlas med kemikalier. Den har en hög stärkelsehalt, kokar upp snabbare än carnaroli och ger mycket krämig risotto.

D. **Baldo:** Baldo-ris är ett fylligt, malet, kortkornigt ris som odlas i Turkiet. Kornen är stärkelsehaltiga och kan absorbera mycket fukt, gör den väldigt krämig och mör och håller formen bra när den tillagas. Baldo-ris är ett utmärkt val för risotto, paella och turkiska pilaffer.

E. **Cal riso:** Detta är ett medelkornigt ris. När den är tillagad blir den något mjuk och klibbig, vilket gör den idealisk för rätter där spannmålen behöver hålla sig, som sushi, soppor eller sallader. Calrose ris har också en mycket mild smak, vilket innebär att det lätt kan absorbera alla djärva ingredienser, såsom örter och kryddor.

F. **Maratelli:** Maratelliris är en sort som valdes naturligt från Asigliano Vercellese åkrarna i nordvästra Italien. Det är en tidigmognad sort och ingår i gruppen "halvfint" ris.

CARNAROLI RISOTTO

1. Pumpa risotto

Serverar 4

Ingredienser:

- 75 g (3 oz) tjockt skuren Pancetta eller högkvalitativ rökt strimmigt bacon, i tärningar

- 1 medelstor lök, hackad

- 500 g (1 lb 2 oz) mogen apelsinpumpa eller butternut squash, skalad, kärnad och hackad

- havssalt och nymalen svartpeppar

- 400 g (14 oz) carnaroliris

- 1,2 liter (2 pints) ungefär grönsaks- eller kycklingfond, hålls vid en sjud

- en näve finhackad färsk persilja

- 1 tsk citronsaft eller vitvinsvinäger

- 2 msk osaltat smör

- 3 rågade matskedar nyriven Grana Padano ost

Vägbeskrivning:

a) Stek Pancetta försiktigt i en tjockbottnad stor gryta tills fettet rinner, tillsätt sedan löken och stek tills den mjuknat.

b) Tillsätt pumpan och koka försiktigt med löken och Pancetta tills den är mjuk och mosig.

c) Tillsätt riset och rosta det försiktigt på alla sidor, börja sedan tillsätta fond, rör om och låt riset absorbera vätskan, tillsätt mer fond, krydda efter smak och när riset har absorberat vätskan, tillsätt mer.

d) Fortsätt så tills riset är mört och alla korn är fylliga och genomkokta.

e) Rör ner persilja, citronsaft eller vinäger, smör och Grana Padano, ta av från värmen och täck.

f) Låt stå i tre minuter, rör sedan om igen och överför till ett uppvärmt fat. Servera på en gång.

2. Butternut squash risotto

Serverar 4

Ingredienser:

- 1 liten lök, hackad

- olivolja

- butternut squash eller pumpa 250g, skalad och tärnad

- carnaroli ris 200g

- grönsaks- eller kycklingfond 800ml, varm

- salvia några blad, hackade

- riven parmesan eller grana padano för att göra 2 matskedar, att servera

Vägbeskrivning:

a) Fräs löken försiktigt i 1 msk olja i en djup stekpanna eller stekpanna tills den är mjuk men inte fått färg. Tillsätt squashen och riset och rör om i några sekunder för att täcka kornen med olja.

b) Tillsätt ett par slevar fond och låt koka upp. Koka under omrörning tills nästan all fond har absorberats.

c) Tillsätt resten av fonden lite i taget, koka tills varje tillsats absorberats innan du tillsätter nästa, tills squashen är mjuk och riset är krämigt men fortfarande al dente.

d) Rör ner salvian och krydda väl. Dela risotton mellan skålar och strö över ost till servering.

3. Vårgrönsaksrisotto

Serverar 4

Ingredienser:

- 1 eller 2 fylliga vårlökar, hackade

- 2 mycket små buketter färsk grodd broccoli, grovt hackad

- en liten näve fina gröna bönor

- 50 g (2 oz) osaltat smör

- 350 g (12 oz) carnaroliris

- 2 eller 3 babymorötter, hackade

- 1,2 liter (2 pints) grönsaks- eller lätt kycklingfond

- 2 eller 3 unga, möra zucchini

- havssalt och nymalen peppar

- 3 till 4 matskedar färska ärter, skida

- 3 rågade matskedar nyriven Grana Padano ost

Vägbeskrivning:

a) Fräs ihop grönsakerna mycket försiktigt och försiktigt i cirka 8 till 10 minuter med 2/3 av smöret.

b) Tillsätt riset och rör om för att täcka med smör och grönsaker.

c) Krydda och börja sedan tillsätta den varma fonden, rör hela tiden för att förhindra att den fastnar.

d) Riset tar 20 minuter att koka från det att du börjar tillsätta vätskan.

e) Ta bort från värmen.

f) Justera kryddningen, rör ner resterande smör och nyriven Grana Padano.

g) Täck över och vila i 2 minuter, rör sedan om igen och överför till ett uppvärmt fat för att servera omedelbart.

4. Bacon och tomatrisotto

Serverar 2

Ingredienser:

- olja för stekning

- lök 1, finhackad

- vitlök 1 klyfta, krossad

- bacon 4 ryggutslag, fint hackade

- carnaroli 200 g

- kycklingfond färsk, beredd upp till 1 liter

- körsbärstomater 12, ta bort stjälkarna om du föredrar det

Vägbeskrivning:

a) Hetta upp lite olja i en vid panna och fräs löken försiktigt i några minuter tills den är mjuk, tillsätt vitlöken och hälften av baconet och fräs ihop allt.

b) Tillsätt riset och rör om väl och tillsätt sedan fonden ett par slevar i taget, rör i varje parti tills det är helt absorberat och risotton är krämig men fortfarande behåller lite bett (du kanske inte behöver använda all fond).

c) Värm under tiden en annan panna med lite olja och koka resten av baconet med tomaterna på hög värme tills det får färg. Skeda över risotton till servering.

ARBORIO RISOTTO

5. Ärt och skinka risotto

Serverar 4

Ingredienser:

- orökt skinka hase 1 kg

- morot, lök och selleristång 1 av varje, hackad

- bukett garni 1

- svartpepparkorn 1 tesked

Risotto

- plattbladig persilja ett litet gäng, löv och stjälkar hackade

- smör 2 matskedar

- olivolja 2 matskedar

- lök 1 stor, tärnad

- vitlök 2 klyftor, krossade

- risottoris 300 g

- vitt vin 150ml

- frysta ärtor 400g

- parmesan 50g, riven

Vägbeskrivning:

a) Tvätta hasen och lägg den i en stor panna med resten av fonden samt persiljestjälkarna från risotton.

b) Täck med nyss kokat vatten och låt sjuda under lock i 3-4 timmar, skumma bort eventuella föroreningar som stiger upp till ytan och fyll på om det behövs, tills köttet lossnar från benet. Ta bort hasen från vätskan och svalna något.

c) Sila av och smaka av fonden (det ska vara 1,5 liter) – den ska vara ganska salt med mycket smak. Häll i en kastrull på låg värme.

d) Hetta upp 1 matsked av smöret och oljan i en djup stekpanna på medelvärme. Fräs löken i 10 minuter tills den är mjuk. Rör ner vitlöken, stek i 1 minut och tillsätt sedan riset och koka i 2-3 minuter för att rosta riset.

e) Häll i vinet och bubbla tills det nästan är borta, tillsätt sedan fonden, en slev i taget, rör om regelbundet i 20-25 minuter eller tills riset är mört och krämigt.

f) Ta bort skinnet från skinkhaken, strimla köttet och kassera benen.

g) Rör ner det mesta av skinkan och alla ärter i risotton. Rör om tills ärtorna är mjuka. Ta av från värmen, vänd ner parmesan och resterande smör, täck över och låt vila i 10 minuter.

h) Strö över resten av skinkan, en klick olja och persiljan.

6. Skinka & sparris risotto primavera

Serverar 6

Ingredienser:

- rökt skinka hase 1, blötläggs över natten vid behov

- morot 1

- osaltat smör 100 g, tärnat

- lök 3 medelstora, 2 fint tärnade

- vitlök 2 klyftor

- timjan en kvist, finhackad

- risottoris 200g

- pärlkorn 200g

- ärtor 150g

- bondbönor 150g, dubbel balja om du vill

- sparris spjut 6, skivade på en vinkel

- vårlökar 4, skivade på en vinkel

- gröna bönor 20, skurna i korta längder

- mascarpone 100 g

- parmesan 85g, riven

Vägbeskrivning:

a) Lägg skinkhaken i en kastrull full med rent, kallt vatten med moroten och halverad lök.

b) Låt sjuda och koka i $2\frac{1}{2}$ timme, skumma ytan då och då. Fyll på pannan med vatten om det behövs.

c) Smält smöret i en tjock panna och tillsätt lök, vitlök och timjan. Koka tills det mjuknat men inte fått färg.

d) Tillsätt riset och pärlkornet och koka i ett par minuter tills det är täckt av smöret. Tillsätt gradvis fonden från skinkan och grönsakerna, rör om hela tiden.

e) Efter cirka 15-20 minuters omrörning och sjudning har du använt nästan all fond. Smaka av din risotto och är du nöjd med konsistensen, ta bort risotton från spisen men håll den nära.

f) Koka upp en kastrull med vatten och blanchera alla gröna grönsaker förutom vårlöken i 30 sekunder. Låt rinna av och häll ner i risotton.

g) Sätt tillbaka risotton på måttlig värme och rör ner grönsaker, vårlök och skinka och låt allt bli genomvarmt och krydda. Rör ner mascarpone och riven parmesan och servera.

7. Pancetta Risotto med Radicchio

Serverar 2

Ingredienser:

- smör 25 g

- olivolja 2 matskedar

- schalottenlök 4, fint tärnade

- rökt pancetta 75 g, tärnad

- radicchio 1, ca 225g

- risottoris 225g

- kycklingfond 500-600ml

- pancetta 4-6 skivor, tunt skivade

- helfet crème fraîche 2 matskedar

- parmesan 25-50g, finriven

Vägbeskrivning:

a) Smält smör och olivolja i en liten ugnsform. Tillsätt schalottenlöken och fräs försiktigt tills den är mjuk. Tillsätt den tärnade pancettan och fortsätt koka, rör om, tills den nästan är knaprig. Skär under tiden den övre halvan av radicchio och strimla. Skär den nedre halvan i tunna klyftor, putsa roten men lämna tillräckligt mycket av den kvar för att hålla ihop kilarna.

b) Tillsätt riset i pannan, rör om snabbt i en minut eller två, tillsätt sedan den strimlade radicchion och en slev fond. Koka på en svag sjud, rör om då och då, tillsätt mer fond allt eftersom det absorberas.

c) Värm under tiden en stekpanna av gjutjärn och koka radicchio-klyftorna på båda sidor så att de blir lite förkolnade. Ta bort och ställ åt sidan.

d) Hetta upp en stekpanna och torrstek pancettaskivorna tills fettet blir gyllene. Ta ur pannan och ställ åt sidan – de blir knapriga.

e) När riset nästan är färdigkokt men fortfarande har gott om sig (cirka 20 minuter), kolla efter smaksättning, stäng av värmen, tillsätt crème fraichen och det extra smöret, rör om väl, lägg på locket på grytan och låt stå i 5 minuter . Precis innan servering, rör ner de kolgrillade radicchio-klyftorna.

f) Toppa varje tallrik med krispig pancetta och parmesan.

8. Korvrisotto med Radicchio

Serverar 4

Ingredienser:

- kryddig korv 175g (gärna italiensk, tillgänglig från delikatessbutiker)

- olivolja 6 matskedar

- lök 1 liten, finhackad

- vitlök 2 klyftor, fint hackade

- arborio ris 200g

- Italienskt rött vin 500ml

- kycklingfond 500 ml

- radicchio 1 litet huvud (ca 175g), putsad och skivad

- smör 25 g

- parmesan 30g, plus mer att servera

Vägbeskrivning:

a) Skala korven och skär sedan i bitar, ungefär lika stora som valnötter, och rulla dem till bollar. Hetta upp olivoljan i en vid, tjock panna, tillsätt korven och bryn den väl.

b) Tillsätt löken och koka tills den precis mjuknat. Tillsätt vitlöken, koka i 1 minut, tillsätt riset och rör om för att täcka det i juicen. Tillsätt vinet lite i taget, rör om hela tiden och tillsätt bara mer när det sista partiet har absorberats.

c) Tillsätt nu fonden, en slev i taget, under konstant omrörning. Det tar cirka 25 minuter att röra in allt. Efter cirka 15 minuter, tillsätt radicchio och rör om.

d) Smaka av före kryddning, rör ner smör och parmesan, servera sedan med lite extra parmesan vid sidan av.

9. Kastanjerisotto med örter

Utbyte: 6 portioner

Ingredienser

- 500 gram kastanjer

- 400 gram ris

- 150 gram korv

- 1 vårlök

- 2 matskedar Single Cream

- 20 gram smör

- 70 gram parmesanost; Riven

- Lagerblad

- Kryddnejlika

- Stock Eller Stock Cube

- Salt

Vägbeskrivning:

a) Skala kastanjerna och koka dem i lättsaltat vatten innehållande ett lagerblad och några kryddnejlika.

b) När de är genomstekta tar du av dem från spisen och tar bort skalet på insidan.

c) Lägg åt sidan 15 av de snyggaste, hela kastanjerna och gnugga de andra genom en sil. Bryn den mycket fint skivade vårlöken i lite smör, och tillsätt kastanjepurén, grädden och riset. Koka risotton med den varma fonden.

d) Ta en liten långpanna och bryn den smulade korven i resterande smör i några minuter. Tillsätt de hela kastanjerna som lades åt sidan, sänk värmen till lägsta inställningen och låt puttra en kort stund.

e) När riset är klart, krydda det med parmesanosten, lägg det i en ringform på ett runt serveringsfat och lägg korven och hela kastanjer med deras sås i mitten.

10. Ciao meins risotto

Utbyte: 12 portioner

Ingredienser:

- 3 koppar vitt vin

- 7 uns Prosciutto; skinka

- 4 matskedar smör; saltade

- 1 nypa saffran

- 1 tsk salt

- 7 uns Romano ost

- $\frac{1}{2}$ kopp gul lök

- 1 tsk vitlök; hackad

- 2 pund ris; Risotto

- 3 uns Porcini svamp; torkas

- 8 dl kycklingfond

- 1 kvist italiensk persilja; hackad

Vägbeskrivning:

a) Reducera vin med saffran för att få smak och färg från saffran. Avsätta.

b) Blötlägg torkad porcini-svamp i $\frac{1}{2}$ liter varmt vatten. Dränera. Spara vätskan och tärna svampen.

c) Fräs lök och svamp, tillsätt risottoris, kycklingbuljong och tillsätt vinblandning.

d) Koka upp och grädda i 350 graders ugn i 10 minuter. Bred ut på en plåt för att svalna.

e) Ta en portion och tillsätt en touch av fond för att värma upp och servera. Garnera med hackad italiensk persilja.

11. Italiensk korvrisotto

Utbyte: 4 portioner

Ingrediens

- $\frac{3}{4}$ pund italiensk korv länkar; skär i 1-tums bitar

- $14\frac{1}{2}$ uns nötköttsbuljong

- 2 uns Pimiento; avrunnen, tärnad

- 1 kopp okokt ris

- $\frac{1}{4}$ tesked vitlökspulver

- $\frac{1}{8}$ tesked peppar

- 9 uns fryst skuren broccoli; tinat

- 2 matskedar parmesanost; riven

Vägbeskrivning:

a) Koka korven i en stor stekpanna på medelhög värme i 3 till 5 minuter eller tills den är väl brun, rör om då och då; dränera.

b) Tillsätt nötbuljong, pimiento, ris, vitlökspulver och peppar. Koka upp. Sänk värmen till låg; täck och låt sjuda i 10 minuter.

c) Rör ner broccoli; omslag. Sjud ytterligare 10 minuter eller tills vätskan absorberats och broccolin är mjuk, rör om då och då.

d) Strö över parmesanost. 4 (1-$\frac{1}{4}$ kopp) portioner.

12. Risotto-oregon hasselnöt-korv

Utbyte: 6 portioner

Ingrediens

- 5 tyska eller italienska korvar (1 1/2 lbs.)

- $1\frac{1}{2}$ dl rödlök, grovt hackad

- 2 msk smör

- 1 grön paprika grovt hackad

- 1 röd paprika grovt hackad

- 2 bananer; skivad

- $\frac{3}{4}$ kopp Halverade Oregon-hasselnötter

- $\frac{1}{2}$ dl vinbär eller russin

- 4 koppar kokt ris

- Salta och peppra efter smak

- 3 hårdkokta ägg; siktas

- Finhackad persilja

- Finhackad basilika

- Finhackad gräslök

Vägbeskrivning:

a) Bryn korvarna i stor stekpanna eller elektrisk stekpanna. Häll av korven och skär i bitar. Smält smör i stekpanna och tillsätt hackad lök.

b) Täck över och koka tills löken knappt är mör. Tillsätt paprikan och fräs tills den knappt är mjuk. Tillsätt ris, korv och salt och peppar och blanda med en gaffel tills det är varmt.

c) Tillsätt russin, bananer och Oregon-hasselnötter och blanda försiktigt ihop. Krydda efter smak. Servera på ett uppvärmt fat.

d) Toppa med siktad ägg- och örtblandning.

13. Kalvfötter med saffransrisotto

Utbyte: 4 portioner

Ingrediens

- 1 lök, finskuren

- 2 vitlöksklyftor, hackade

- 3 uns morötter, i små kuber

- 3 uns selleri, i små kuber

- 2 uns purjolök, i små kuber

- 4 skivor kalvfötter

- Salt

- Peppar

- Mjöl

- 2 uns smör

- 1 msk tomatpuré

- 1 kopp vin, rött

- 1 kopp vin, vitt

- 2 tomater, hackade

- $1\frac{1}{4}$ kopp köttbuljong, efter behov

- $\frac{1}{2}$ citron, rivet skal

- $\frac{1}{2}$ tsk kummin, hackade

- 2 msk persilja, hackad

- 2 vitlöksklyftor, pressade

Vägbeskrivning:

a) Krydda kalvens fötter, lägg i mjölet och täck på båda sidor riktigt gott.

b) Hetta upp smöret och stek kalvfötterna bruna på båda sidor.

c) Tillsätt löken och en vitlöksklyfta och fräs en minut.

d) Tillsätt tomatpurén och vinerna och låt sjuda för att reducera lite.

e) Tillsätt tomaterna, fyll på med buljong och lock och låt sjuda i $1\frac{1}{2}$ timme.

f) Tillsätt rivet citronskal, kummin, persilja och resten av vitlöken efter 1 timmes tillagningstid.

g) Servera med saffran

14. Grillad biff & russin risotto

Utbyte: 4 portioner

Ingredienser:

- 1 pund topprunda

- 2 msk olivolja

- 1 matsked emerils essens

- 1 msk olivolja

- 1 kopp julienerad gul lök

- 2 msk hackad schalottenlök

- 1 msk finhackad vitlök

- $2\frac{1}{2}$ kopp arborioris

- 2 koppar kalvreduktion

- $\frac{1}{4}$ kopp rött vin

- ⅓kopp torr marsala

- 8 dl köttbuljong

- $\frac{1}{2}$ dl rostad grön paprika i julien

- $\frac{1}{2}$ dl rostad röd paprika i julien

- $\frac{1}{2}$ dl rostad gul paprika i julien

- $\frac{1}{2}$ kopp romanost

- $\frac{1}{2}$ kopp gyllene russin

- 1 salt

- 1 nymalen svartpeppar

- 1 msk finhackad röd paprika

- 1 msk finhackad gul paprika

- 2 msk hackad salladslök

- 3 uns romanoostblock

- 3 grillade hela salladslökar

Vägbeskrivning:

a) Förvärm grillen. Krydda den övre rundan med olivoljan och Emeril's Essence. Lägg på grillen. Grilla i 3 till 4 minuter på varje sida för medium-rare. Till risotton: Värm olivoljan i en sautépanna.

b) När pannan är rykande varm, tillsätt lök, schalottenlök och vitlök. Fräs grönsakerna i 1 minut. Rör ner riset med en träslev, fräs i 1 minut. Under konstant omrörning, tillsätt kalvreduktionen, vin, Marsala och köttbuljong, en kopp i taget.

c) Koka risotton i 10 till 12 minuter under konstant omrörning. Vänd ner paprika, ost och russin. Krydda med salt och peppar. Ta bort rundan från grillen och skiva på biasen i 2-ounce portioner.

d) För att montera, sätt ihop risotton i mitten av tallriken. Lufta köttet runt risotton.

e) Garnera med paprikan, grillad salladslök och skär bort tunna skivor av osten över risotton med en skalare.

15. Bakad bolognese risotto

Serverar 6

Ingredienser:

- nötfärs 300g

- kastanjesvampar 200g, i fjärdedelar

- torkad porcini svamp 15g

- nötbuljong 750ml, varm

- olivolja 2 matskedar

- lök 1, finhackad

- vitlök 1 klyfta, finhackad

- arborio ris 200g

- passata 200ml

- tomatpuré 1 matsked

- Worcestershiresås några streck

- sellerisalt 1 tsk

- torkad oregano 1 tsk

- mozzarella 2 bollar, tärnade

- parmesan 30g, finriven

Vägbeskrivning:

a) Värm ugnen till 200C/fläkt 180C/gas 6. Bred ut färsen och kastanjesvampen på en bakplåt med non-stick.

b) Koka i 20-25 minuter, rör om då och då tills färsen fått färg och svampen har fått lite färg och överskottsvätskan har avdunstat.

c) Lägg under tiden den torkade svampen i en skål och häll över 150 ml av den varma fonden.

d) Hetta upp olivoljan i en ytlig gryta eller djup ugnssäker stekpanna och stek löken tills den mjuknat. Tillsätt vitlöken, koka i en minut och tillsätt sedan riset och rör igenom oljan och löken tills det är helt täckt.

e) Sila svampspriten (lämna kvar eventuell gryn). Hacka den blötlagda svampen och rör ner dem, tillsätt sedan svampspriten gradvis, rör om allt eftersom. Tillsätt resten av nötbuljongen en slev i taget, tillsätt mer när den föregående slev har absorberats, tills riset nästan är kokt.

f) Rör ner passatan och häll sedan i den rostade nötfärsen, champinjonerna, tomatpurén och Worcestershiresås, sellerisalt och oregano.

g) Låt koka upp, tillsätt lite mer vatten om det ser torrt ut. Rör ner $\frac{3}{4}$ av mozzarellan. Strö resten över toppen med parmesan. Sätt in i ugnen i 25 minuter utan lock tills den är gyllene och bubblar.

16. Risotto med lammgryta

Utbyte: 8 portioner

Ingredienser:

- $2\frac{1}{2}$ pund lammlår i tärningar

- Olivolja

- $\frac{1}{4}$ tesked vardera, torkad: rosmarin,

- Timjan och vitpeppar

- Salt att smaka

- $4\frac{1}{2}$ dl grönsaksbuljong

- $\frac{1}{2}$ tsk saffranstrådar

- $1\frac{1}{2}$ kopp arborioris

- $1\frac{1}{2}$ kopp torrt vitt vin

- 10 Babysparrisspjut, ångade

- $\frac{1}{2}$ kopp nyriven parmesanost

- $1\frac{1}{2}$ kopp tomater, hackade

Grönsaksbuljong

- $\frac{3}{4}$ kopp vardera, hackad: lök, selleri,

- Morötter och svamp

- 4½ kopp vatten

Vägbeskrivning:

a) Värm ugnen till 250 grader. Bryn lamm i tärningar lätt och snabbt i ⅓kopp olivolja i en stekpanna på hög värme. Låt inte köttet koka inuti. Ta genast bort lammet med hålslev och lägg i en 3-qt gryta som har täckts med grönsaksspray.

b) Tillsätt timjan, rosmarin och peppar i grytan och blanda med kött, smaka av med salt.

c) Täck grytan med lock eller en bit aluminiumfolie och grädda i 30 minuter. Lamm ska vara väldigt mört.

d) När grytan går in i ugnen, värm upp buljongen med saffranstrådar (för att mjukna) på medelvärme; ställ åt sidan.

e) Värm 2 matskedar olivolja i en kastrull på medelvärme; tillsätt ris och fräs 2 till 3 minuter. Tillsätt 3 dl varm buljong till riset och rör om väl. Sjud riset, rör om då och då, tills det börjar få en krämig konsistens.

f) För att göra detta, tillsätt vin och resterande buljong, lite i taget, rör om tills vätskan nästan absorberas innan du tillsätter mer. Processen tar cirka 20 till 25 minuter. Koka inte för mycket, riset ska förbli något fast.

g) Rör försiktigt ner sparris och parmesan. Skeda ris i ett lager över lamm och garnera med de hackade tomaterna.

h) Grönsaksbuljong: Sjud hackade grönsaker i vatten 1 timme. Sila buljongen och använd enligt anvisningarna.

17. Osso buco con risotto

Utbyte: 1 portioner

Ingrediens

- 2 kalvskaft

- 1 kopp Arborio ris

- 2 koppar Merlot

- 1 tsk citronskal

- 1 dl kyckling- eller kalvfond

- $\frac{1}{2}$ kopp hackad lök

- 1 hackad vitlöksklyfta

- $\frac{1}{2}$ kopp extra virgin olivolja

- 1 kopp färska ärtor

- 1 hackad medelstor morot

- $\frac{1}{2}$ tsk Muskotnöt

Vägbeskrivning:

a) Fräs kalvläggen med lök, vitlök, morot, olivolja. När den är fin och brun, sätt in i 500 graders ugn i 20 minuter.

b) Ta ut ur ugnen, ställ på spisen på medium och tillsätt ris. Fräs i 25 minuter medan du tillsätter vin och fond, alltid under omrörning. Tillsätt citronskal, ärtor, salt och peppar efter smak.

c) Tillsätt muskotnöt och ställ in i ugnen i 15 minuter.

18. Oxfilé & purjolöksrisotto

Utbyte: 2 portioner

Ingredienser:

- 2 8 oz oxfilé

- 50 gram Arborio ris

- 100 gram färsk persilja

- ½ liten purjolök

- 2 uns Blodpudding

- 40 gram rökt wedmore ost

- 20 gram persilja

- 1 Konserverad ansjovisfilé

- 1 matsked pinjenötter; rostat

- 2 vitlöksklyftor; hackad

- ½ Rödlök; hackad

- ½ flaska rött vin

- 500 milliliter Färsk nötbuljong

- ½ morot; smått hackad

- ½ röd paprika; smått hackad

- 15 gram platt bladpersilja

- Balsamvinäger

- Smör

- jungfruolivolja

- Stensalt och nymalen svartpeppar

Vägbeskrivning:

a) Gör först risotton genom att steka av hälften av löken och vitlöken i en sautépanna med lite smör och koka i ca 30 sekunder utan att det får färg.

b) Tillsätt sedan riset och koka i ytterligare 30 sekunder, tillsätt sedan 250 ml av fonden och låt koka upp. Hacka purjolöken i små tärningar och lägg detta i pannan och låt puttra i cirka 13 minuter för att koka riset.

c) För att göra peston som måste vara ganska tjock tillsätt persilja, vitlöksklyfta, ansjovis, pinjenötter och lite olivolja i en mixer och puré till en pesto och låt den stå åt sidan.

d) Hetta sedan upp en sautépanna och krydda filén och förslut i pannan krydda väl i lite olja. Avglasa pannan med rödvin och fond, låt koka upp och låt puttra försiktigt i 5 minuter och ta sedan bort steken. Skruva upp värmen och minska tills den tjocknat något, avsluta såsen med en klick smör och krydda.

e) För att servera, tillsätt den skalade och tärnade blodpuddingen till risotton och den rökta osten, hackad platt persilja och krydda väl. Lägg denna i mitten av varje tallrik med biffen på toppen.

f) Toppa med en matsked persiljepesto och servera med såsen runt kanten och strö över de små tärnade grönsakerna.

19. Kycklingrisotto med grönkål

Serverar 6

Ingredienser:

- smör 2 matskedar

- rapsolja 1 matsked

- kycklinglår 6

- vanligt mjöl 2 matskedar

- mald mace ½ teskedar

- lök 2, tärnad

- vitlök 2 klyftor, krossade

- pärlkorn 300g

- kycklingfond 1,2l

- bondbönor 350 g (dubbelskida om du vill)

- grönkål 30 g, grovt hackad

- citroner 1, skalade och saftade

- crème fraîche 75g + 6 matskedar

- söt rökt paprika några nypor

Vägbeskrivning:

a) Hetta upp hälften av smöret och oljan i en gryta eller djup stekpanna. Kasta kycklinglåren i mjöl och mald muskulatur för att täcka, stek sedan på medelvärme tills de är gyllenbruna och knapriga på båda sidor.

b) Lyft upp på en tallrik och tippa löken, vitlöken och de sista matskedarna smör i pannan och stek tills de är mjuka.

c) När löken är riktigt mjuk, returnera kycklinglåren med eventuell saft, korn och fond. Låt sjuda försiktigt i cirka 40 minuter, rör om då och då, tills kornet nästan är mört och det mesta av fonden absorberats. Om det överhuvudtaget blir torrt under tillagningen, tillsätt en skvätt mer fond.

d) Rör ner bondbönorna, grönkål, citronsaft och skal och krydda i kornet, sänk värmen och täck med lock eller bakduk. Skinn under tiden kycklinglåren och strimla köttet från benen med ett par gafflar. Rör tillbaka kycklingen i kornet med 75 g av crème fraichen och kontrollera att bönorna och kornet båda är möra.

e) Häll upp kornet i 6 grunda serveringsskålar. Toppa var och en med en sked mer crème fraîche späckad med en nypa paprika och strö över citronskalet.

20. Squashrisotto med anka

Utbyte: 4 portioner

Ingredienser

- 1 stor ekollon squash

- 2 msk olivolja

- 2 msk hackad schalottenlök

- 2 dl arborioris

- 3 dl ankfond

- 1 kopp kokt ankkött; skär 1 bitar

- 1 msk hackad färsk salvia

- 1 msk smör

- 2 msk tung grädde

- $\frac{1}{4}$ kopp riven färsk parmesanost

- 1 salt; att smaka

- 1 nymalen svartpeppar; att smaka

Vägbeskrivning:

a) Värm ugnen till 400 grader. Dela squashen på mitten, ta bort fröna.

b) Smörj en bakplåt med 1 tsk olivolja och lägg squash på plåten med den skurna sidan nedåt.

c) Grädda i 20 minuter, eller tills de är mjuka. Låt svalna och skala och skär sedan köttet i 1-tums kuber.

d) Värm den återstående oljan i en såsgryta, tillsätt schalottenlök och koka i 3 minuter.

e) Rör ner riset och fräs under omrörning i 1 minut. Rör ner fonden, 1 tsk salt och en nypa peppar och låt koka upp.

f) Sänk värmen till medel och låt sjuda tills riset är mjukt i cirka 18 minuter.

g) Vänd ner squash, anka, salvia, grädde, ost och smör och låt sjuda i 2 till 3 minuter.

21. Kycklingrisotto med parmesan

Serverar 4

Ingredienser:

- olivolja 1 matsked

- rökt bacon eller pancettatärning 100g

- smör 2 matskedar

- lök 1 stor, fint tärnad

- skinn- och benfria kycklinglår 4-6, i fjärdedelar

- kycklingfond 1,5 liter

- vitlök 2 klyftor, krossade

- risottoris 300 g

- torrt vitt vin 150ml

- parmesan 50g, finriven

- platt bladpersilja $\frac{1}{2}$ litet knippe, finhackad

Vägbeskrivning:

a) Hetta upp oljan i en djup, bred stekpanna på medelhög värme och stek baconet i 5-6 minuter tills det är gyllene och knaprigt.

b) Skopa ut på en tallrik. Sänk värmen till medel och tillsätt 1 msk smör i pannan, blanda med baconfettet och oljan och häll i löken. Stek i 10-15 minuter tills de är väldigt mjuka och genomskinliga.

c) Rör ner kycklingbitarna och stek i ytterligare 6-8 minuter tills de är genomstekta och blir lätt gyllene. Tillsätt vitlöken och fräs ytterligare en minut.

d) Medan kycklingen och löken kokar, häll ner fonden i en stor kastrull och låt det sjuda försiktigt. Sänk sedan värmen till låg och håll den varm på baksidan av hällen. Strö riset över kycklingen och rör om så att riset täcks med olja och smör. Koka i 2-3 minuter och häll sedan i vinet.

e) Rör tills det mesta absorberats, tillsätt sedan den varma fonden, en slev i taget, under konstant omrörning. Vänta tills varje slev buljong har absorberats innan du tillsätter nästa.

f) Fortsätt att tillsätta fonden tills riset är mört med lite tugga, ca 20 minuter.

g) Ta bort risotton från värmen och vänd ner parmesan, kokt bacon, persilja och resterande 1 msk smör.

h) Täck över och vila i 5 minuter innan servering.

22. Kornrisotto med kyckling

Utbyte: 6 portioner

Ingredienser

- 1 msk olivolja

- $\frac{3}{4}$ kopp morot; tärnad

- 2 matskedar färsk basilika; hackad

- $\frac{3}{4}$ kopp selleri; hackad

- $\frac{3}{4}$ kopp grön lök; hackad

- $\frac{1}{2}$ tsk salt

- $\frac{1}{4}$ tesked peppar

- 1 pund skinnfria benfria kycklingbröst

- $\frac{1}{2}$ pund Skinnfria benfria kycklinglår

- $1\frac{3}{4}$ kopp pärlkorn; cirka 12 uns

- 5 dl kycklingbuljong

- ⅓kopp persilja; hackad

- $\frac{1}{4}$ kopp färsk parmesanost; riven

Vägbeskrivning:

a) Skär kycklingkött i $\frac{1}{4}$-tums strimlor.

b) Värm olja i en holländsk ugn på medelhög värme. Tillsätt morot och basilika; sautera 1 minut. Tillsätt selleri, salladslök och lök; sautera 1 minut. Tillsätt salt, peppar och kyckling; sautera 5 minuter. Tillsätt korn; sautera 1 minut.

c) Tillsätt buljong; koka upp. Täck över, minska värmen och låt sjuda i 40 minuter.

d) Avlägsna från värme. Rör ner persilja och ost.

23. Smutsig risrisotto

Utbyte: 1

Ingredienser

- Anka eller kycklinghalsar och vingar

- Krås och hjärta; hacka

- Olivolja

- $\frac{1}{2}$ lök; hacka

- 1 revbensselleri; skiva

- 1 röd paprika; hacka

- 1 matsked vitlök; finhacka

- 1 dl popcornris

- 2 koppar fond; eller så mycket som behövs

- Salt och peppar

- 1 knippe grön lök; hacka

Vägbeskrivning:

a) Fräs halsen och vingarna på ankan i en panna i olja. Lägg till krås och hjärta. Fräs med lök, selleri, paprika, vitlök och ris; omrör hela tiden.

b) Fräs ris i 20 sekunder, tillsätt 1 dl fond och rör hela tiden tills det absorberats.

c) Tillsätt ytterligare 1 dl fond och rör om tills det absorberats. Fortsätt tillsätta fond, om det behövs tills riset är kokt. Krydda med salt och peppar.

d) Avsluta med salladslök.

24. Risotto av anklever

Utbyte: 1 portioner

Ingredienser:

- 30 gram tallkärnor

- Lever från 2 ankor

- Mjölk; för blötläggning

- Salt och mald svartpeppar

- 1 lök ·

- 2 feta vitlöksklyftor

- 5 matskedar extra virgin olivolja

- 225 gram Arborio eller risottoris

- Bra nypa saffransståndare

- 1 gul paprika

- $1\frac{1}{8}$ liter ankfond

- 4 stjälkar oregano eller gyllene mejram

- 24 gröna oliver; (24 till 30)

- 15 gram osaltat smör

- 2 matskedar Madeira

- 2 matskedar Färsk gräslök; hackad

Vägbeskrivning:

a) Rosta pinjekärnor under en het grill eller i en torr stekpanna tills de är gyllene.

b) Trimma leverr, ta bort eventuella gröna bitar. blötlägg i lite mjölk i 15 minuter för att ta bort alla spår av bitterhet. Skölj i kallt vatten och klappa torrt. Skär på mitten och krydda lätt.

c) Skala och finhacka löken. Skala och krossa vitlök. Hetta upp olivolja i en stor stekpanna eller risottopanna, tillsätt lök och vitlök och koka tills den är mjuk.

d) Tillsätt ris och saffran. Rör om väl tills riset är ordentligt belagt och har absorberat olja. Krydda lätt.

e) Skär peppar på mitten, ta bort kärna, frön och hinna. Tärna köttet fint. Lägg till pannan.

f) Tillsätt gradvis halva fonden. Koka upp. Sänk värmen till en långsam sjud och koka tills riset nästan är klart. Fortsätt tillsätt lite mer fond, skaka pannan ofta.

g) Skala bladen från oregano eller mejram och hacka. Lägg till pannan med oliver och soltorkade tomater efter att riset har kokat i 10 minuter. Tillsätt rostade pinjekärnor efter ytterligare 2 eller 3 minuter.

h) Smält smör i en het stekpanna. Stek levern snabbt på alla sidor och vänd ofta. Se till att de är kokta men fortfarande ganska rosa i mitten. Lägg Madeira i pannan och skrapa upp eventuella köttrester i den.

i) Krydda risotton efter smak och tillsätt hackad gräslök.

j) Servera risotto med levrar på toppen. Skeda över leversaft och låt dem blandas till ris.

25. Grönsaksrisotto

Serverar 2

Ingredienser:

- grönsaksfond 900 ml

- sparris 125g, spjut skurna i 2-3 bitar

- smör 25 g

- olivolja 1 matsked

- lök 1, finhackad

- risottoris 150g

- ärtor (färska eller frysta) 75g

- babyspenat 50g, hackad

- pecorino 40g, finriven, plus extra till servering

- gräslök hackad för att göra 1 matsked

- mynta hackad för att göra 1 matsked

- citron 1, skalad

Vägbeskrivning:

a) Hetta upp fonden i en kastrull tills den sjuder. Blanchera sparrisen i fonden i 30 sekunder, häll sedan ur den med en hålslev och låt rinna av.

b) Smält en klick smör med olivoljan i en stor, djup stekpanna och stek sedan löken i 8-10 minuter eller tills den mjuknat. Tillsätt riset och fortsätt koka och rör om i några minuter tills riset är glansigt.

c) Tillsätt fonden en slev i taget under omrörning tills riset precis är mört (det ska ha en tugga men inte vara kritigt alls). Tillsätt alla grönsaker, inklusive den blancherade sparrisen, och koka i 1 minut.

d) Rör ner resterande smör, pecorino, örter och citronskal, krydda och lägg på lock. Låt stå av värmen i 3 minuter och servera sedan i varma skålar med extra ost om du vill.

26. Cheddar och vårlöksrisotto

Serverar 2

Ingredienser:

- smör 25 g

- vårlökar 6, hackad

- risottoris 150g

- vitt vin en skvätt (valfritt)

- grönsaks- eller kycklingfond 750ml

- Dijonsenap $\frac{1}{2}$ teskedar

- mogen cheddar 100g, riven

- BALSAMISKA TOMATER

- olivolja 1 matsked

- körsbärstomater 100 g

- balsamvinäger ett duggregn

- basilika ett litet gäng, hackad

Vägbeskrivning:

a) Smält smöret i en vid grund panna. Koka vårlöken i 4-5 minuter eller tills den är mjuk. Tillsätt riset och koka under omrörning i ett par minuter. Tillsätt vinet, om det används, och bubbla tills det absorberats.

c) Hetta upp 2 matskedar olivolja i samma panna och koka sedan försiktigt schalottenlök och vitlök i 6-8 minuter eller tills de börjar mjukna. Rör ner riset och värm i en minut.

d) Häll i vinet och bubbla, rör om tills det avdunstar. Tillsätt fonden en slev i taget, låt vätskan absorberas innan du tillsätter mer. Fortsätt tillsätta fond tills riset är mört med en liten bit kvar.

e) Rör ner zucchinierna och låt dem värma en minut. Tillsätt myntan och rör ner i riset med citronsaft och skal, parmesan, resterande smör och en sista slev fond. Risotton ska vara krämig och osig ganska så styv, så tillsätt extra fond därefter.

f) Lägg på lock och låt stå några minuter, servera sedan i varma skålar med extra ost om du vill.

b) Rör gradvis i fonden lite i taget, vänta igen tills den har absorberats innan du tillsätter mer. Upprepa tills riset är krämigt, osigt och mört (du kanske inte behöver använda all fond, eller så kan du behöva lägga till en skvätt mer om blandningen är för tjock).

c) Värm under tiden olivoljan i en separat liten kastrull på medelhög värme och koka tomaterna med mycket krydda tills de precis börjar spricka.

d) Rör ner senap och ost i risotton och smaka av med peppar och lite salt om det behövs. Häll upp i varma skålar och toppa med tomaterna, en klick balsamico och lite basilika.

27. Rödbetsrisotto

Serverar 4

Ingredienser:

- smör 50 g

- lök 1, finhackad

- risottoris 250g

- vitt vin 150ml

- grönsaksfond 1 liter, varm

- färdigkokta rödbetor 300g förpackning

- citron 1, skalad och saftad

- plattbladig persilja ett litet gäng, grovt hackad

- mjuk getost 125g

- valnötter en näve, rostade och hackade

Vägbeskrivning:

a) Smält smöret i en djup stekpanna och stek löken med krydda i 10 minuter tills den är mjuk. Häll i riset och rör tills varje korn är täckt, häll sedan i vinet och bubbla i 5 minuter.

b) Tillsätt fonden en slev i taget, under omrörning, tillsätt bara mer när föregående sats har absorberats.

c) Ta under tiden 1/2 av rödbetan och mixa i en liten mixer tills den är slät, och hacka resten.

d) När riset är kokt, rör ner de vispade och hackade rödbetorna, citronskalet och -saften och det mesta av persiljan. Dela mellan tallrikar och toppa med en smula getost, valnötterna och resterande persilja.

28. Zucchini risotto

Serverar 2-3

Ingredienser:

- grönsaks- eller kycklingfond 900ml

- smör 30 g

- babysquash 200 g (ca 5-6), tjocka skivor på diagonalen

- olivolja 2 matskedar

- schalottenlök 1 lång eller 2 runda, finhackad

- vitlök 1 klyfta, krossad

- risottoris 150g

- torrt vitt vin ett litet glas

- mynta en näve blad, hackad

- $\frac{1}{2}$ citron, skalad och saftad

- parmesan 30g, finriven, plus extra till servering

Vägbeskrivning:

a) Förvara fonden i en kastrull på låg sjud.

b) Smält hälften av smöret i en djup, bred stekpanna. Stek zucchinierna med lite krydda på båda sidor tills de är lätt gyllene. Skopa ur och låt rinna av på hushållspapper. Torka ur pannan.

29. Grönsaksrisotto verde

Serverar 6

Ingredienser:

- olivolja

- lök 1/2, fint tärnad

- selleri 1 stång, fint tärnad

- risottoris 400 g

- vitt vin 125ml

- kycklingfond 1 liter, varm

- spenat 100 g

- bondbönor 75 g, blancherade och i skida

- frysta ärtor 75g

- parmesan 50g, finriven

- crème fraîche 3 matskedar

- citron 1, skalad och en kläm juice

- mikrokrasse att servera

Vägbeskrivning:

a) Hetta upp 3 msk olja i en stekpanna och tillsätt lök och
selleri med lite salt. Stek i 5 minuter tills det är

genomskinligt. Tillsätt risottoriset och rör om väl, se till att varje korn är belagt med olja.

b) Häll i vinet och låt det bubbla tills nästan allt är avdunstat. Tillsätt fonden en slev i taget, rör hela tiden, tillsätt mer fond först när den sista slev har absorberats.

c) Tillsätt spenaten och 2 matskedar varmt vatten i en matberedare och vispa till en puré. När riset nästan är färdigkokt, rör om purén, bondbönorna och ärterna. Koka i ytterligare 5 minuter, rör om regelbundet.

d) När riset och grönsakerna är kokta, rör ner parmesan, crème fraîche, citronskal och saft, krydda och toppa med mikrokrasse.

30. Vitlöksrisotto med vaktel

Serverar 4

Ingredienser:

- rotselleri 1/2 liten, tärnad i 1 cm bitar

- olivolja

- vitlök 1 lök, skalade kryddnejlika

- rosmarin 1 kvist

- schalottenlök 1, fint tärnad

- purjolök 1, fint tärnad

- timjanblad 1 tsk

- smör 100 g

- risottoris 400 g

- vegetabilisk olja

- kycklingfond 1,5 liter

- Pecorinoost 80g, finriven

- plattbladig persilja en liten näve, hackad

- vaktel 4, rensad och sprutkopplad

Vägbeskrivning:

a) Värm ugnen till 180C/fläkt 160C/gas 4. Lägg den tärnade rotsellerin på en bakplåt. Krydda och ringla över lite vegetabilisk olja. Rosta i 15 minuter, eller tills de är mjuka och bruna.

b) Lägg under tiden vitlöken, rosmarin och 100 ml olivolja i en liten kastrull (så att vitlöken är nedsänkt, tillsätt mer olja om du behöver) och värm försiktigt i 10 minuter, eller tills vitlöken är mjuk och lätt gyllene.

c) Ta bort och kyl oljan. Du kan använda den överblivna vitlöksoljan för matlagning, men förvara den i kylen och använd inom en vecka.

d) Fräs schalottenlök, purjolök och timjan med 50 g smör och 50 ml olivolja. Säsong. När grönsakerna är mjuka tillsätt riset och rör om tills alla korn är täckta.

e) Värm försiktigt i 1 minut för att knäcka riset (detta gör det lättare att absorbera).

f) Tillsätt 500 ml fond till risotton och rör om tills allt absorberats. Upprepa ytterligare 2 gånger. Detta bör ta cirka 20 minuter. Tillsätt mer fond om du behöver, för att få en krämig konsistens.

g) Ta av värmen när riset är mört, tillsätt rotsellerin, resten av smöret, osten och persiljan och krydda. Täck med lock och låt vila.

h) Sätt upp ugnen till 200C/fläkt 180C/gas 6. Värm en stekpanna till medelvärme. Olja och krydda vaktlarna, lägg sedan fåglarna med skinnsidan nedåt på grillen i 4 minuter tills de är gyllene och förkolnade.

i) Vänd och koka i ytterligare 2 minuter. Lägg över till en bakplåt och rosta i 10-15 minuter tills den är genomstekt och saften blir klar. Vila i 2 minuter under folie. Fördela risotton mellan varma tallrikar.

j) Hacka vakteln på mitten längs ryggen och lägg på risotton. Pressa den confiterade vitlöken med baksidan av en kniv och strö över den.

31. Kronärtskocka risotto

Utbyte: 1 portioner

Ingrediens

- 2 st jordärtskockor

- 2 msk smör

- 1 citron

- 2 msk olivolja

- 1 Portobellosvamp

- $2\frac{1}{2}$ kopp kycklingbuljong; eller annan

- 1 liten lök; mald

- 1 kopp torrt vitt vin

- 2 vitlöksklyftor; mald

- Salt och peppar; att smaka

- 1 kopp Arborio ris

- $\frac{1}{2}$ kopp parmesanost; riven

- 1 matsked persilja; mald

Vägbeskrivning:

a) Juice $\frac{1}{2}$ citron i en liten skål och tillsätt tillräckligt med vatten för att täcka kronärtskockan.

b) Skär svampen i kvartar.

c) Skiva svampen väldigt mycket tunt.

d) Rör i reserverade kronärtskockor, skivad svamp och persilja.

e) Mikrovågsugn.

32. Saffransrisotto

Serverar 4

Ingredienser:

- smör 100g, kylt och tärnat

- lök 1 liten, finhackad

- kycklingfond 1,25 liter

- arborio ris 200g

- torrt vitt vin 75ml

- saffran ½ teskedar (leta efter långa trådar av god kvalitet)

- parmesan 75g, finriven

- mald vitpeppar

- gräslök en handfull klippt

Vägbeskrivning:

a) Smält 50 g av smöret i en tjock, djup stekpanna med lock och stek sedan löken försiktigt i 10 minuter tills den mjuknat men inte fått färg.

b) Koka upp fonden i en annan kastrull och sänk sedan värmen till att sjuda.

c) Tillsätt riset till smöret och koka under omrörning i 3-4 minuter för att täcka riset och rosta kornen. Häll i vinet och bubbla tills det har absorberats helt innan du rör i saffran.

d) Tillsätt fonden en slev eller två i taget, rör om riset från botten av pannan allt eftersom. När varje slev buljong har absorberats, tillsätt nästa slev.

e) Fortsätt detta i cirka 15 minuter. Risotton är klar när kornen är mjuka och har tappat kritighet, men fortfarande har lite tugga i sig (du kanske inte behöver all fond).

f) Slå i resten av smöret och parmesanen och smaka av med vitpeppar. Lägg på lock och låt risotton stå i 2 minuter, servera sedan i varma skålar med lite gräslök.

33. Orzo risotto med cavolo nero

Serverar 2

Ingredienser:

- extra virgin olivolja 2 teskedar

- lök ½, fint tärnad

- vitlök 2 klyftor, skivade

- torkade chiliflakes ½ teskedar

- orzo pasta 150g

- grönsaksfond 450ml, varm

- cavolo nero 100g, stjälkarna avlägsnas och skärs i långa bitar

- frysta ärtor 100g

- mjukost 1 matsked

- vegetarisk parmesan 15g, finriven, plus lite extra att servera (valfritt)

Vägbeskrivning:

a) Hetta upp olivoljan i en stekpanna och tillsätt lök, vitlök, chiliflakes och en nypa salt.

b) Koka försiktigt i 5 minuter eller tills den är mjuk. Häll i pastan och rör om så att varje bit är täckt med olja.

c) Tillsätt grönsaksbuljongen en slev i taget, rör om emellan och tillsätt mer när det absorberats. Efter 5 minuter, tillsätt cavolo nero.

d) Koka i ytterligare 5 minuter och när orzo och cavolo nero är mjuka, tillsätt ärtorna och lite krydda i de sista 2 minuterna.

e) Rör igenom mjukosten och parmesanen och servera med lite extra parmesan om du vill.

34. Bulgur risotto mix

Utbyte: 1 portioner

Ingredienser

- 1 matsked Torkad hackad lök

- 3 Kycklingbuljongtärningar, smulade

- 1 tsk torkad körvel

- 1 tsk torkad timjan

- $\frac{1}{4}$ tesked svartpeppar

- $1\frac{1}{2}$ kopp knäckt vetebulgur RISOTTO:

- $2\frac{1}{2}$ kopp vatten

- 2 msk smör

- 1 förpackning Risottomix

Vägbeskrivning:

a) Blanda: Kombinera och förvara i en lufttät behållare.

b) Bulgurrisotto: Värm ugnen till 350 grader. Koka upp vatten och smör. Tillsätt risottomixen och koka under omrörning i 5 minuter. Täck över och grädda 25 minuter. 6 portioner

35. Höstens grönsaksrisotto

Utbyte: 6 portioner

Ingredienser

- 2 pund Butternut squash

- 3 koppar fettfri kycklingbuljong med låg salthalt

- Salt och peppar

- 3 medium purjolök; tärningar, vit del och en tum grön

- $1\frac{1}{2}$ msk extra virgin olivolja

- $1\frac{1}{2}$ kopp arborioris

- 3 vitlöksklyftor; mald

- 2 msk hackad färsk platt bladpersilja

- 1 tsk hackad färsk timjan

- $\frac{1}{2}$ tesked Hackad färsk rosmarin

- $\frac{1}{2}$ tesked Hackad färsk salvia

- $\frac{1}{8}$ tesked Nyriven muskotnöt

- 1 tsk rivet apelsinskal

- $\frac{1}{2}$ apelsin; juiced

- 3 matskedar pekannötter; rostat och hackad

- $\frac{1}{2}$ kopp Nyriven parmigiano-reggiano

Vägbeskrivning:

a) Skär squashen på mitten på längden, ta sedan ur och kassera fröna. Skala och skär i $\frac{1}{2}$-tums bitar.

b) Koka upp buljong och 3 dl vatten i en medelstor kastrull på hög värme. Tillsätt squash och låt sjuda tills de är nästan mjuka, 2 till 3 minuter. Ta bort squashen och smaka av med salt och peppar och ställ åt sidan. Boka buljong separat.

c) Lägg purjolök och tips kopp vatten i en stor stekpanna. Täck över och låt sjuda tills purjolöken är mjuk, cirka 12 minuter, tillsätt mer vatten om det avdunstar.

d) Spara purjolök och tillsätt matlagningsvätska till reserverad buljong.

e) Värm buljongen på låg värme på en baklåd. Värm olivolja i en stor stekpanna på medelvärme. Tillsätt ris och koka under konstant omrörning i 2 till 3 minuter. Med en slev, tillsätt cirka $\frac{3}{4}$ kopp buljong och rör om för att frigöra ris från botten och sidorna av pannan.

f) När riset har absorberat första tillsatsen av buljong, tillsätt ytterligare en slev fond. Rör om ofta så att riset inte fastnar, tillsätt mer buljong en slev i taget för att hålla kornen fuktiga.

g) Efter 10 minuter av tillsats av buljong och omrörning, tillsätt purjolök, vitlök. och nästa 7 ingredienser (genom juice) och fortsätt att röra.

h) Fortsätt att tillsätta buljong tills riset är renderat utan kritiga centra (men fortfarande fast), 18 till 22 minuter. Om du får slut på buljong, tillsätt varmt vatten.

i) När riset precis är mört, tillsätt en extra slev buljong eller vatten och reserverad squash. Ta kastrullen från värmen, täck över och låt stå i 5 minuter. Krydda med salt och peppar.

j) Till servering, lägg risotton i en skål och garnera med pekannötter och ost.

36. Fänkålsrisotto med pistagenötter

Utbyte: 6 portioner

Ingredienser

- 2 dl kycklingbuljong, kombinerat med

- 1 kopp vatten

- 1 msk smör eller margarin

- 2 msk olivolja

- 1 dl finhackad lök

- 1 medelstor fänkålslöka

- 1 medelstor röd paprika, hackad

- 2 medium vitlöksklyftor, hackade

- $1\frac{1}{2}$ kopp arborioris

- ⅓kopp skalade pistagenötter, hackade

- Nymalen svartpeppar

- $\frac{1}{4}$ kopp riven parmesanost

Vägbeskrivning:

a) Värm buljong-vattenkombinationen över medel-låg värme. Hålla varm.

b) I en stor stekpanna, helst non-stick, eller stor gryta, värm smöret och oljan på medelvärme tills det är varmt. Tillsätt lök, fänkål och röd paprika; sautera 5 minuter. Tillsätt vitlöken och fräs ytterligare en minut.

c) Rör ner riset och koka under omrörning i 2 minuter. Börja sakta med att tillsätta vätskan, ungefär en slev i taget. Koka, täckt, över medel-låg värme, 10 minuter, rör om då och då.

d) Tillsätt vätskan långsamt och rör om ofta. Vänta tills vätskan har absorberats varje gång innan du tillsätter nästa slev. Upprepa tillagningsprocessen, täckt, 10 minuter.

e) Avtäck och fortsätt att tillsätta vätskan och rör om ofta. Risotton ska koka ca 30 minuter. Den färdiga risotton ska vara krämig, med lite seghet i mitten av riset.

f) Tillsätt pistagenötter, peppar och parmesan till den färdiga risotton, rör om tills det blandas.

37. Spenat & tofu risotto

Utbyte: 4 portioner

Ingredienser

- 8 uns tofu, avrunnen

- 1 medelstor lök; hackad (1/2 kopp)

- 1 vitlöksklyfta; mald

- 2 matskedar vegetabilisk olja

- $14\frac{1}{2}$ uns tomater, italienska, konserverade; hackad

- 1 tsk oregano; torkad; krossad

- 2 koppar ris, brunt; kokta

- 10 uns spenat, fryst, hackad; tinat och dränerat

- 1 matsked sesamfrön; rostat

Vägbeskrivning:

a) Lägg tofun i en mixerbehållare. Omslag; blanda tills det är slätt.

b) Koka lök och vitlök i het olja i en stor kastrull tills löken är mjuk. Tillsätt odränerade tomater och oregano. Koka upp; Sänk värmen.

c) Sjud, utan lock, ca 3 minuter.

d) Rör ner tofu, ris, spenat, $\frac{1}{2}$ tsk salt och $\frac{1}{4}$ tsk peppar. Dela blandningen i 4 individuella smorda grytor eller lägg hela blandningen i en smord $1\frac{1}{2}$-quarts gryta.

e) Grädda, utan lock, i en 350 graders ugn i 30 minuter eller tills den är genomvärmd. Toppa med sesamfrö.

38. Honung och rostad kornrisotto

Utbyte: 14 portioner

Ingredienser

- 2 schalottenlök; mald

- 2 vitlöksklyftor; mald

- 2 stjälkselleri; tärnade fint

- 2 msk olivolja

- 1 msk smör

- $\frac{1}{4}$ kopp arborioris; (risotto)

- $3\frac{1}{2}$ liter rostad butternutsquashsoppa

- $\frac{1}{4}$ kopp korn; rostat, kokt

- $\frac{1}{4}$ kopp Butternut squash; tärnade små

- $\frac{1}{4}$ kopp Romano ost; riven

- Salt och svartpeppar

Vägbeskrivning:

a) Fräs schalottenlök, vitlök och selleri på måttlig värme i en kastrull i olja och smör tills de är mjuka. Tillsätt ris, rör om för att täcka väl. Låt inte kornen bli bruna.

b) Tillsätt $3\frac{1}{2}$ koppar soppa i små omgångar, rör hela tiden.

c) Tillsätt korn och squash. Fortsätt koka på samma sätt tills riset är mört men al dente. Tillsätt ost. Justera kryddningen.

d) Per portion, häll en klick risotto i mitten av soppskålen. Slev 1 dl soppa runt risotton.

39. Örtad sötpotatisrisotto

Utbyte: 1 portioner

Ingredienser

- 1 msk jungfruolja

- 1 kopp kuber (1") sötpotatis

- 1 kopp Arborio ris

- ½ kopp hackad lök

- 1 msk hackad färsk salvia

- 1 tsk rivet apelsinskal

- ⅛ tesked Malen muskotnöt

- 2 dl avfettad kycklingfond

- ¼ kopp apelsinjuice

- Salt och svartpeppar

- 1 msk riven parmesanost

- 2 msk hackad färsk italiensk persilja

Vägbeskrivning:

a) I en stor mikrovågssäker skål, mikrovågsugn oljan i 1 minut på hög.

b) Rör ner sötpotatis, ris, lök, salvia, apelsinskal och muskotnöt.

c) Mikrovågsugn, utan lock i 1 minut. Rör i $1\frac{1}{2}$ dl av fonden.

d) Mikrovågsugn i 10 minuter, rör om en gång halvvägs genom tillagningen.

e) Rör ner den återstående $\frac{1}{2}$ dl fond och apelsinjuice. Mikrovågsugn i 15 minuter, rör om en gång halvvägs genom tillagningen.

f) Tillsätt salt och peppar efter smak. Strö över parmesan och persilja.

40. Risotto i mikrovågsugn

Utbyte: 2 portioner

Ingredienser

- 1 tsk osaltat smör

- 1 tsk olivolja

- 2 matskedar Hackad lök

- 1 vitlöksklyfta; mald

- $\frac{1}{4}$ kopp Arborio ris

- 1 dl kycklingbuljong

- $\frac{1}{4}$ kopp torrt vitt vin

- Salt och peppar; att smaka

- 4 uns Kokt; skivade kronärtskockshjärtan

- 4 uns Kokt och avrunnen tärnad paprika

- 2 uns Hackade soltorkade tomater

- 2 uns Hackad kapris

- Saffran; basilika eller annan krydda efter smak.

Vägbeskrivning:

a) Värm smör och olja i en stor soppskål utan lock i mikrovågsugnen på 100 % i 2 minuter.

b) Tillsätt lök, vitlök och ris; rör om för att täcka. Koka utan lock i 100 % i 4 minuter.

c) Tillsätt buljong, vin och eventuella valfria ingredienser Koka utan lock i 6 minuter. Rör om väl och koka i 6 minuter till. Övervaka för att vara säker på att vätskan inte kokar av helt.

d) Ta bort från mikrovågsugnen. Rör ner salt och peppar och servera varm.

41. Japansk risotto med svamp

Utbyte: 4 portioner

Ingredienser

- $4\frac{1}{2}$ kopp grönsaksfond; eller miso-infunderad buljong, salta

- 1 matsked extra jungfruolja

- $\frac{1}{2}$ kopp rosé-sushi ris

- $\frac{1}{2}$ kopp Sake

- Kosher salt

- Nymalen svartpeppar

- $\frac{1}{2}$ kopp Enokisvamp

- $\frac{1}{2}$ kopp hackad salladslök

- $\frac{1}{4}$ kopp Rädisa groddar

Vägbeskrivning:

a) Om du använder den miso-infunderade buljongen, kombinera 1 msk miso med $4\frac{1}{2}$ dl vatten och låt koka upp. Sänk värmen och låt sjuda.

b) Värm olivoljan på medelhög värme i en stor kastrull. Tillsätt riset, rör hela tiden i en riktning, tills det är väl belagt. Ta kastrullen från värmen och tillsätt sake.

c) Återgå till värmen och rör hela tiden i en riktning tills all vätska har absorberats. Tillsätt fonden eller buljongen i steg om $\frac{1}{2}$ kopp, rör hela tiden tills all vätska absorberas vid varje tillsats.

d) Krydda med salt och peppar. Häll upp i serveringsskålar, garnera med svamp, salladslök och groddar och servera.

e) Garnera med delikat enoki-svamp, hackad salladslök och kryddiga rädisa.

42. Balsamico risotto

Utbyte: 1 portioner

Ingredienser

- 100 gram smör

- $\frac{1}{2}$ lök

- 1 lagerblad

- 1 nypa torkad rosmarin

- 300 gram Arborio ris

- 1 dl grönsaksfond

- $\frac{1}{2}$ liter cabernet eller barolo

- Nyriven parmesan

- Balsamvinäger

Vägbeskrivning:

a) Lägg 50 g smör, den hackade halvlöken, lagerbladet och en nypa rosmarin i en gryta och stek på medelvärme tills löken är genomskinlig.

b) Tillsätt sedan riset och rör hela tiden i en minut tills allt är väl blandat. Tillsätt sedan en "god" kopp grönsaksfond och låt det hela koka upp.

c) Tillsätt en halv liter rödvin och låt alkoholen avdunsta. Efter 15 minuter tillsätt nyriven parmesan och de andra 50 g smör.

d) Rör om och låt det sedan koka ytterligare en minut.

e) Tillsätt ett litet glas balsamvinäger precis innan du tar bort från spisen.

43. Blåbärsrisotto med boletus

Utbyte: 4 portioner

Ingredienser

- $8\frac{3}{4}$ uns färsk boletus, skivad

- 1 liten lök; finhackat

- $\frac{3}{4}$ uns smör

- 5 uns risottoris; opolerad

- $5\frac{1}{2}$ uns blåbär

- $\frac{1}{4}$ kopp vitt vin; torr

- $1\frac{3}{4}$ kopp buljong

- $\frac{1}{4}$ kopp olivolja

- 1 kvist timjan

- 1 vitlöksklyfta; mosad

- 2 uns smör

Vägbeskrivning:

a) Värm smöret i en kastrull och fräs löken. Rör ner riset och blåbären, fräs en kort stund. Fukta med vin, koka tills det absorberas; fukta med buljong och koka tills de är mjuka.

Rör hela tiden, tillsätt eventuellt lite buljong. Krydda med salt och peppar.

b) Värm oljan, fräs svamp, vitlök och timjan i en stekpanna. Rör ner smöret i risotton. Överför till varma tallrikar och dekorera med svamp.

44. Morot och broccoli risotto

Utbyte: 4 portioner

Ingredienser

- 5 koppar kycklingbuljong med låg natriumhalt; eller grönsaksbuljong

- 1 msk olivolja

- 2 hela morötter; fint tärnad (1 kopp)

- $\frac{1}{2}$ kopp schalottenlök; hackad

- 1 kopp fänkål; finhackat

- 2 koppar ris; (arborio)

- $\frac{1}{4}$ kopp torrt vitt vin

- 2 dl broccolibuktor

- 2 hela morötter; riven

- 2 msk riven parmesanost

- 1 msk färsk citronsaft

- 2 tsk citronskal

- 2 teskedar färsk timjan; hackad

- $\frac{1}{2}$ tsk salt

- Nymalen svartpeppar; att smaka

Vägbeskrivning:

a) Koka upp buljongen i en medelstor kastrull. Sänk värmen för att sjuda. Värm olivolja på medelvärme i en bred, tjockbottnad stor kastrull. Tillsätt tärnade morötter och schalottenlök och koka tills schalottenlöken börjar mjukna, cirka 6 minuter.

b) Tillsätt fänkål och ris och koka under konstant omrörning tills riset är väl belagt, 1 till 2 minuter. Tillsätt vitt vin och koka tills det har absorberats.

c) Tillsätt 1 dl sjudande buljong i den stora kastrullen och fortsätt koka, rör om tills buljongen nästan har absorberats. Fortsätt att tillsätta buljong, $\frac{1}{2}$ kopp i taget, rör om och koka tills buljongen absorberas och riset kommer bort från sidan av grytan före varje tillsats.

d) Fortsätt tills alla utom 1 och $\frac{1}{2}$ koppar av buljongen har absorberats, 15 - 20 minuter.

e) Tillsätt broccoli och rivna morötter och fortsätt koka och tillsätt buljongen, $\frac{1}{4}$ kopp i taget, tills riset är krämigt men ändå fast i mitten. Detta bör ta ytterligare 5 till 10 minuter.

f) Ta av från värmen, rör ner parmesan, juice, skal, timjan, salt, peppar och servera omedelbart.

45. Kantarellrisotto

Utbyte: 2 portioner

Ingredienser

- 1 liten rödlök; hackad fint

- 1 vitlöksklyfta; hackad fint

- 8 uns kantareller

- 1 matsked Färska basilikablad; hackad

- 3 uns smör

- 2 uns färsk parmesanost; riven (valfritt)

- 6 uns italienskt risottoris

- 5 uns vitt vin

- 15 uns grönsaksbuljong

Vägbeskrivning:

a) I en stor stekpanna fräs löken och vitlöken försiktigt i hälften av smöret tills de är mjuka och gyllene. Tillsätt basilika och kantareller och koka några minuter.

b) Tillsätt riset, stek i en minut under konstant omrörning.

c) Häll i vinet och hälften av fonden, låt koka upp, täck sedan pannan och låt sjuda. Kolla då och då om riset torkar och tillsätt mer buljong om det är det.

d) När riset precis är kokt, rör ner resten av smöret och osten. Koka ytterligare några minuter under omrörning.

e) Servera med en grönsallad och lite ciabatta.

46. Porcini & tryffelrisotto

Utbyte: 4 portioner

Ingredienser:

- 25 gram smör; (1 oz)
- 1 msk olivolja
- 1 medelstor lök; finhackat
- 250 gram Arborio risottoris; (8 oz)
- 2 grönsaksbuljongtärningar
- 2 20 g förpackningar porcini-svampar
- 2 msk Mascarponeost
- 1 tsk tryffelkräm
- Salt och nymalen svartpeppar
- Parmesanspån

Vägbeskrivning:

a) Hetta upp smör och olivolja i en stor långpanna, tillsätt löken och fräs försiktigt i 3-4 minuter på måttlig värme. Rör ner riset och koka ytterligare en minut och täck riset med olja.

b) Tillsätt gradvis den varma fonden, rör om hela tiden, tillsätt ytterligare fond när och när fonden har absorberats. Upprepa denna process tills allt lager har införlivats, detta tar cirka 20 minuter.

c) Rör till sist ner porcini-svampen och reserverad vätska, mascarpone, tryffelkräm och smaka av med salt och nymalen svartpeppar och värm i ytterligare 1-2 minuter. Servera genast med parmesanspån.

47. Puschlaver risotto

Utbyte: 4 portioner

Ingredienser:

- 30 gram torkad ceps eller annan svamp

- 100 gram smör

- 1 x lök, finhackad

- $\frac{1}{8}$ tesked saffran, uppdelad små

- 1 deciliter rött vin

- 350 gram Risottoris (Arborio)

- 8 deciliter buljong

- 100 gram riven ost

- 250 gram Kalvkött, skuren i tunna strimlor

- 1 deciliter Kraftig grädde

- 2 tomater, skalade och tärnade

- 1 knippe persilja, finhackad

Vägbeskrivning:

a) Blötlägg svampen, låt rinna av och torka väl. Spara blötläggningsvätskan.

b) Smält 40 g av smöret i en kastrull: tillsätt lök, svamp, vitlök och fräs snabbt; Tillsätt sedan rödvinet och sänk värmen så att det delvis absorberas. Tillsätt sedan riset och saffran och rör om väl. Tillsätt buljongen och svampvattnet, rör om och sänk värmen till en sjud.

c) Koka långsamt tills vätskan absorberats. Riset ska vara al dente. -- Smöret och riven ost slängs i med risotton när den är färdig.

d) Mjöla kalvköttet lätt och fräs det i mer smör; när det är klart, sänk värmen och tillsätt grädden, rör försiktigt. Gör en "buckla" i mitten av risotton och häll ner kalv-och-gräddblandningen i denna.

e) Som garnering, fräs tomater och persilja i resten av smöret och strö över toppen av risotton.

f) Tjäna.

48. Risotto med champagne

Utbyte: 4 portioner

Ingredienser:

- 1 uns torkad svamp

- 3 matskedar smör

- 2 msk olivolja

- $\frac{1}{4}$ gul lök; grovt hackad

- $1\frac{1}{2}$ kopp italienskt arborioris; rå

- 3 koppar kycklingfond; färska eller konserverade

- 1 dl champagne eller torrt vitt vin

- $\frac{1}{2}$ dl vispgrädde

- Salt; att smaka

Vägbeskrivning:

a) Blötlägg svampen i 1 dl varmt vatten tills de är mjuka, ca 1 timme. Häll av och använd vätskan till något annat ändamål, kanske en soppfond. Använd inte svampvattnet i risotton eftersom det täcker smaken av grädden och vinet. Hacka svampen. Hetta upp en 4-liters tjock kastrull och tillsätt smör, olja, lök och svamp.

b) Koka tills löken är klar och tillsätt sedan riset. Rör försiktigt så att varje korn är täckt med oljan. Koka upp kycklingbuljongen i en separat kastrull.

c) Tillsätt 1 kopp av fonden till riset, rör om för att säkerställa en fin krämig maträtt. Fortsätt tillsätta buljong när den absorberas. När fonden har absorberats, tillsätt champagnen och fortsätt koka, rör försiktigt.

d) När riset börjar bli mört tillsätt grädden och koka tills riset är mört men fortfarande lite segt. Smaka av salt och servera genast.

49. Svamprisotto med pecorino

Serverar 2

Ingredienser:

- torkad porcini 25g

- grönsaksbuljongtärning 1

- olivolja 2 matskedar

- kastanjesvampar 200g, i fjärdedelar

- smör 25 g

- schalottenlök 3, finhackad

- vitlök 1 klyfta, krossad

- arborio ris 150g

- vitt vin 1 glas

- spenat 100g, hackad

- pecorino (eller vegoalternativ) 50g, finriven, plus lite extra att servera om du vill

- citron 1, skalad

Vägbeskrivning:

a) Lägg porcini i en liten skål, häll över 300 ml kokande vatten och låt dra i 15 minuter.

b) Sila vätskan genom en fin sil i en kanna och fyll på med kokande vatten till 600 ml. Smula i buljongtärningen eller rör ner 1 tsk buljongpulver eller vätska. Hacka porcini grovt.

c) Hetta upp 1 msk olivolja i en bred, grund, non-stick panna och tillsätt kastanjesvamparna.

d) Stek, håll värmen ganska hög, tills svampen har blivit gyllene och krympt lite (detta hjälper till att koncentrera smaken). Skrapa svampen ur pannan i en skål och ge kastrullen en tork.

e) Tillsätt 1 matsked olja och smöret i pannan och koka schalottenlök och vitlök tills de mjuknat. Tillsätt porcini och risottoris och rör om tills det är täckt. Häll i vinet och låt puttra tills allt absorberats.

f) Tillsätt gradvis porcinibuljongvätskan, rör om tills riset är nästan mört, tillsätt sedan kastanjesvampen.

g) Tillsätt det sista av fonden tillsammans med spenat, pecorino och citronskal.

h) Ta av värmen, lägg på lock och låt stå i 5 minuter innan du serverar i skålar med extra ost om du vill.

50. Vildris & svamprisotto

Serverar 4

Ingredienser:

- vitlök 1 hel lök

- olivolja

- schalottenlök 4, fint tärnade

- vitt vin 125ml

- vildrismix 300g

- timjan 2 kvistar, blad plockade

- grönsaksfond 2 liter, uppvärmd

- arborio ris 100 g

- blandade svampar 200g, rensade och skivade

- låg fetthalt crème fraiché 2 matskedar

Vägbeskrivning:

a) Värm ugnen till 200C/fläkt 180C/gas.

b) Gnid in med 1 tsk olja, krydda överallt, linda in tätt i folie
och lägg med snittsidan uppåt på en bakplåt. Rosta i 30-40
minuter tills vitlöken är riktigt mjuk när du trycker på den.

c) Hetta upp 1 tsk olja i en panna och fräs schalottenlöken tills den är mjuk. Tillsätt vinet och låt sjuda tills det reducerats till hälften, rör sedan ner vildrisblandningen och hälften av timjan. Tillsätt fonden 1/3 i taget, rör ofta.

d) Efter 20 minuter och cirka 2/3 av fonden har rörts i, tillsätt arborio och koka i ytterligare 20 minuter, eller tills riset är mört. Tillsätt lite vatten om all fond har absorberats, men riset inte är kokt.

e) Stek svampen i 1 tsk olja i 5-10 minuter tills den är gyllene och mjuk. Krydda och tillsätt resterande timjanblad.

f) Rör svampen och crème fraiché genom risotton. Krama ut vitlöksklyftorna ur skalet och rör om till servering.

51. Svamp & spenat risotto

Serverar 2

Ingredienser:

- torkad porcini 25g

- smör 50 g

- lök 1 liten, finhackad

- vitlök 1 klyfta, krossad

- kastanjesvamp 200g, skivad

- risottoris 150g

- vitt vin ett glas

- grönsaksbuljong 750ml, höll på att sjuda

- spenat 100g, tvättad och hackad

- parmesan några spån (valfritt)

Vägbeskrivning:

a) Blötlägg porcini i en kopp kokande vatten i 10 minuter. Sila vätskan genom en sil för att ta bort eventuellt gryn och behåll till risotton. Hacka porcini grovt.

b) Hetta upp smöret i en vid, grund panna och stek löken och vitlöken tills den mjuknat. Tillsätt kastanjesvamparna och koka i 5 minuter, tillsätt sedan porcini och risottoris och rör om tills det är täckt.

c) Häll i vinet och bubbla tills allt absorberats. Tillsätt gradvis fonden och porcini-blötvätskan, rör om tills riset är mört men fortfarande har lite tugga (du kanske inte behöver all fond).

d) Rör igenom spenaten tills den precis vissnar. Servera överströdd med lite parmesan om du vill.

52. Risottokaka Med Svamp

Serverar 8

Ingredienser:

- olivolja

- lök 2, finhackad

- vitlök 3 klyftor, krossade

- risottoris 350g

- grönsaksfond 1 liter, varm

- vilda svampar 200g

- smör 25g, plus en knopp

- timjan 5 kvistar

- parmesan eller grana padano (eller vegoalternativ) 85g, riven

- ricotta 150g

- ägg 2, vispade med en gaffel

- taleggio eller vegetariskt alternativ 85g, tunt skivad

Vägbeskrivning:

a) Hetta upp 2 msk olivolja i en stor panna och fräs lök och vitlök försiktigt tills de är väl mjuka.

b) Rör i riset i en minut, börja sedan röra i fonden, en slev i taget, låt varje slev absorberas innan nästa tillsätts.

Fortsätt koka och tillsätt fond i cirka 20 minuter, tills riset är mört. Bred ut över en bricka för att svalna och stelna lite.

c) Värm under tiden ugnen till 180C/fläkt 160C/gas 4. Smörj lätt en 22cm djupform med lös botten. Häll svampen i den urrensade stekpannan med smör och timjanblad från 2 kvistar och stek tills de är gyllene och mjuka.

d) Skrapa ner det avsvalnade riset i en mixerskål med det mesta av svampen, all parmesan, ricotta och ägg, tillsätt rikligt med kryddor och blanda väl.

e) Häll risblandningen i formen och tryck ut ordentligt för att jämna ut toppen. Strö över resterande svamp, taleggio och timjankvistar och tryck till så allt håller ihop, ringla sedan över lite olivolja.

f) Grädda i 25-30 minuter tills de är gyllene och knapriga på toppen. Kyl i 20 minuter, skär sedan i klyftor och servera med sallad.

53. Ägg och böngroddarrisotto

Utbyte: 4 portioner

Ingredienser

- 4 ägg

- 1 stor lök; fint skivad

- 1 grön paprika; urkärnade och skivade

- 2 matskedar vegetabilisk olja

- 125 gram svamp; skivad

- 225 gram Knäckt (bulgärt) vete

- 400 gram konserverade premium hackade tomater

- 450 milliliter Grönsaksfond gjord med en buljongtärning

- 200 gram böngroddar

- 4 matskedar Satay woksås

- Salt och nymalen svartpeppar

- Färska korianderblad till garnering, valfritt

Vägbeskrivning:

a) Lägg äggen i en kastrull med kallt vatten, låt koka upp och låt sjuda i 7 minuter tills de är hårdkokta. Häll av, knäck skalen omedelbart och håll sedan under rinnande kallt vatten tills det svalnat. Låt stå i en skål tills det behövs.

b) Stek löken och paprikan i oljan i en stor stekpanna i 3-4 minuter tills de är mjuka. Tillsätt svampen och det knäckta vetet, rör om allt väl, tillsätt sedan de hackade tomaterna och grönsaksbuljongen.

c) Koka upp och låt sedan sjuda i 10 minuter tills vetet är fint uppblåst och fonden nästan har absorberats.

d) Skala under tiden äggen, hacka tre grovt och skär det återstående i fjärdedelar och ställ åt sidan.

e) Tillsätt de hackade äggen i veteblandningen och sataysåsen och värm i 2-3 minuter.

f) Krydda väl med salt och peppar, vänd sedan risotton i en uppvärmd serveringsform och garnera med resterande ägg och några färska korianderblad, om du använder den.

54. Tomatrisotto & champinjoner

Utbyte: 1 portioner

Ingredienser

- 1 pund färska tomater; halverade och frösådda

- Ringla olivolja

- Salt

- Nymalen svartpeppar

- 4 medelstora Portobellosvampar; stampade och rengjordes

- 1 pund Färsk mozzarellaost; skivad

- 1 msk olivolja

- 1 kopp hackad lök

- 6 koppar vatten

- 1 tsk hackad vitlök

- 1 pund Arborio ris

- 1 msk osaltat smör

- $\frac{1}{4}$ kopp kraftig grädde

- $\frac{1}{2}$ kopp Nyriven Parmigiano-Reggianoost

- 3 matskedar hackad salladslök;

Vägbeskrivning:

a) Värm grillen till 400 grader. I en mixerskål, släng tomaterna med olivolja, salt och peppar. Lägg på grillen och stek i 2 till 3 minuter på varje sida. Ta bort från grillen och ställ åt sidan. Värm ugnen till 400 grader.

b) Lägg portobellosvampen på en bakplåtspappersklädd plåt, hålet uppåt. Ringla båda sidor av svampen med olivoljan.

c) Krydda båda sidor med salt och peppar. Lufta en fjärdedel av osten över varje hålighet i svampen.

d) Sätt in i ugnen och tillaga tills svampen är mjuk och osten bubblig, ca 10 minuter. Hetta upp olivoljan i en stor stekpanna på medelvärme.

e) Tillsätt löken. Krydda med salt och peppar. Fräs tills löken är lite mjuk, ca 3 minuter.

f) Tillsätt vattnet och vitlöken. Koka upp blandningen, sänk värmen till medel och låt sjuda i cirka 6 minuter.

g) Tillsätt riset och låt sjuda under konstant omrörning tills blandningen är krämig och bubblig, cirka 18 minuter. Rör ner smör, grädde, ost och salladslök.

h) Sjud i ca 2 minuter under konstant omrörning. Ta av från värmen och rör ner tomaterna. För att servera, skiva varje portobello i fjärdedelar. Häll risotton i varje serveringsfat. Lägg 2 skivor av portobello ovanpå risotton.

i) Garnera med persilja.

55. Sparris & svamprisotto

Utbyte: 4 portioner

Ingrediens

- Oliv- eller salladsolja

- 1½ pund sparris, tuffa toppar trimmade och spjut skurna i 1 1/2-tums bitar

- 2 medelstora morötter, tunt skivade

- ¼ pund Shiitakesvamp, stjälkar borttagna och kapsyler skivade 1/4 tum tjocka

- 1 medelstor lök, hackad

- 1 medelstor röd paprika, skuren i 1-tums långa tändstickstunna remsor

- 2 förpackningar (5,7 oz) primavera-smak ELLER risottomix med svampsmak

- Persiljekvistar till garnering

- Riven parmesanost (opt.)

Vägbeskrivning:

a) Koka sparrisen i en 4-liters kastrull på medelhög värme i 1 T het oliv- eller salladsolja tills den är gyllene och mjuk. Ta bort sparrisen i skålen med en hålslev.

b) Koka morötter, svamp och lök i olja som är kvar i kastrullen och ytterligare het oliv- eller salladsolja tills grönsakerna är knapriga och börjar få färg. Tillsätt röd paprika; koka, rör om, 1 minut.

c) Tillsätt risottomix och 4 C vatten, över hög värme, värm till kokning.

d) Sänk värmen till låg; täck och låt sjuda i 20 minuter. Ta bort kastrullen från värmen. Rör ner sparris; täck och låt stå i 5 minuter så att riset får absorbera vätska.

e) För att servera, sked risotto på tallrik. Garnera med persiljekvistar.

f) Servera med riven parmesanost om du vill.

56. Risotto med höstgrönsaker

Utbyte: 4 portioner

Ingredienser

- 2 msk olivolja

- 2 msk smör

- 1 lök, hackad

- 2 vitlöksklyftor, hackade

- 1 kopp svamp, skivad

- 1 Zucchini, stora tärningar

- 1 söt röd paprika, tärnad

- 1 kopp majskärnor, kokta

- 1 tsk Färsk rosmarin, hackad

- $\frac{1}{4}$ tesked peppar

- nypa salt

- nypa Heta pepparflingor

- 1 msk citronskal, rivet

- $1\frac{1}{2}$ kopp arborioris

- $4\frac{1}{2}$ dl grönsaks-/kycklingfond

- $\frac{3}{4}$ kopp parmesan, nyriven

- 1 msk citronsaft

Vägbeskrivning:

a) I en stor tjock kastrull, värm hälften av vardera oljan och smöret över medelvärme; koka lök, vitlök och svamp under omrörning i 5 minuter eller tills den mjuknat.

b) Tillsätt zucchini, röd paprika, majs, rosmarin, peppar, salt och pepparflingor; koka under omrörning i 3-5 minuter eller tills vätskan har avdunstat.

c) Ta bort från pannan och ställ åt sidan; hålla varm.

d) Värm återstående olja och smör i samma panna på medelhög värme. Tillsätt citronskal och ris; koka under omrörning i 1 minut. Rör i $\frac{1}{2}$ kopp av fonden; koka under konstant omrörning tills all vätska har absorberats.

e) Fortsätt att tillsätta fond, $\frac{1}{2}$ kopp i taget, koka och rör om tills varje tillsats absorberats innan du tillsätter nästa, tills riset är mört 15-18 minuter totalt.

f) Rör ner $\frac{1}{2}$ kopp av osten. Rör i citronsaft och grönsaksblandning; värma igenom. Smaka av med mer salt och peppar efter smak.

57. Vegansk risotto

Serverar 4

Ingredienser:

- olivolja 1 matsked

- lök 1, finhackad

- fänkål 1 glödlampa, finhackad

- zucchini 1, halverad på längden och tunt skivad

- vitlök 3 klyftor, fint hackade

- fänkålsfrön ½ teskedar, lätt krossade

- risottoris 200g

- veganskt vitt vin ett litet glas (valfritt)

- grönsaksfond 800ml, varm

- frysta ärtor 200g

- näringsjäst 2 matskedar

- citron 1, skalad och saftad

- plattbladig persilja ett litet gäng, finhackad

Vägbeskrivning:

a) Hetta upp olivoljan i en stor, djup stekpanna, tillsätt lök, fänkål och zucchini och stek i 10 minuter tills den mjuknat, tillsätt en skvätt vatten om det börjar ta sig.

b) Tillsätt vitlök och fänkålsfrön och koka i 2 minuter, tillsätt sedan riset och rör om tills varje korn är lätt belagt med olja. Häll i vinet, om det används, och bubbla bort tills det reducerats till hälften.

c) Förvara grönsaksbuljongen i en kastrull på mycket låg värme för att hålla sig varm. Tillsätt en slev i taget till risotton, tillsätt bara mer när den sista skeden har absorberats helt, rör om hela tiden.

d) När riset är kokt men fortfarande har lite tugga, tillsätt de frysta ärtorna och koka ytterligare några minuter tills det precis är kokt.

e) Rör ner näringsjäst, citronskal och saft och lite krydda, fördela mellan grunda skålar och toppa med persiljan.

58. Vegansk svamprisotto

Serverar 4-6

Ingredienser:

- torkad porcini svamp 20g

- olivolja 1½ matskedar

- lök 1 stor, finhackad

- selleri 2 stavar, finhackad

- kastanjesvamp 150g, skivad

- vitlök 3 klyftor, krossade

- risottoris 300 g

- veganskt vitt vin 125ml

- varm grönsaksfond 200-400ml

- citron ½ liten, skalad

- persilja ett litet gäng, finhackad

- tryffelpasta 1-2 matskedar, beroende på styrka

SYLTAD SVAMP

- cidervinäger 75ml

- strösocker 50g

- blandade vilda svampar 50g, rivna i lagom stora bitar

Tryffelsvamp

- blandade vilda svampar 100g, rivna i lagom stora bitar

- gräslök finklippt för att göra 1 matsked, plus extra att servera

- tryffelolja 1 matsked, plus extra att servera

Vägbeskrivning:

a) Lägg den torkade porcinin i en värmesäker skål och häll över 600 ml nyss kokat vatten. Låt dra.

b) För att göra den inlagda svampen, lägg vinäger, 75 ml vatten, sockret och en nypa salt i en liten kastrull. Värm tills sockret löst sig, ta sedan av från värmen för att svalna något.

c) Lägg svampen i en värmesäker skål, häll över syltvätskan och låt stå medan du gör risotton.

d) Hetta upp 1 matsked av oljan i en djup stekpanna på medelvärme och stek löken och sellerin i 10 minuter tills de mjuknat men inte är gyllene. Tillsätt kastanjesvampen och höj värmen något.

e) Stek, rör om ofta, i ytterligare 8-10 minuter eller tills svampen har släppt sin vätska och börjar bli gyllene.

f) Sila av porcini i en kanna och släng de sista matskedarna av fonden. Rör ner vitlöken och riset i pannan med grönsaksblandningen, täck riset i oljan och koka i 1-2 minuter eller tills vitlöken doftar.

g) Tillsätt vinet och bubbla i en minut, tillsätt sedan porcini-svampfonden, en skvätt i taget, rör hela tiden och vänta på att varje tillsats absorberas innan du tillsätter mer.

h) När all svampfond är tillsatt, tillsätt grönsaksfonden.

i) Efter cirka 15-20 minuter, kontrollera riset för att se till att det är mört. Tillsätt en skvätt mer fond eller vatten om du behöver fortsätta koka i några minuter.

j) När riset precis är mört, rör ner den återhydrerade porcini, citronskal, persilja och tryffelpasta. Täck över, ta av från värmen och låt stå i 5 minuter.

k) För tryffelsvamparna, värm den återstående olivoljan i en stekpanna på hög värme och stek svampen tills de är lätt gyllene och mjuknade. Smaka av med salt, ta sedan av värmen och rör ner gräslök och tryffelolja.

l) Rör försiktigt ner den tryffelda svampen i risotton, låt sedan rinna av den inlagda svampen och skeda över dessa.

m) Ringla över lite mer tryffelolja och strö över lite gräslök till servering.

59. Dinkelrisotto med svamp

Serverar 4

Ingredienser:

- torkad porcini svamp 20g

- vegetabilisk olja 2 matskedar

- kastanjesvamp 250g, skivad

- lök 1, finhackad

- vitlök 2 klyftor, fint hackade

- pärlspelt 250g

- vitt vin ett glas (valfritt)

- grönsaksfond 500ml, varm

- mjukost 2 matskedar

- Italiensk hårdost 25g, finriven, plus extra att servera

- plattbladig persilja ett litet gäng, blad trasiga

- citron 1, skalad och en kläm juice

Vägbeskrivning:

a) Lägg den torkade porcinin i en liten skål och häll över 250 ml nyss kokat vatten.

b) Värm 1 matsked vegetabilisk olja i en stor stekpanna över hög värme och tillsätt kastanjesvamparna. Koka i 5-10 minuter eller tills all fukt har avdunstat och de är karamelliserade.

c) Sänk värmen och tillsätt den återstående oljan, löken, vitlöken och lite kryddor och koka försiktigt i 5 minuter tills de är mjuka.

d) Tillsätt dinkeln och blanda tills den är helt täckt med olja. Häll i vinet, om det används, och koka tills det reducerats med 1/2.

e) Häll av porcini, behåll vätskan, hacka och rör ner i risotton. Tillsätt porcinivätskan i fonden och rör ner i risotton en slev i taget. Koka i 25 minuter eller tills dinkeln är mjuk.

f) Rör igenom de mjuka och hårda ostarna, följt av persiljan.

g) För att servera, dela mellan skålar, pressa över lite citronsaft, strö över citronskalet och extra ost, om du vill.

60. Zucchini & ärtrisotto

Serverar 4

Ingredienser:

- olivolja spray

- lök 1 stor, tärnad

- vitlök 1 klyfta, krossad

- pärlkorn 200g

- grönsaksfond 600ml, varm

- färska ärtor 150g

- zucchini 2, strimlad

- kronärtskockshjärtan 6 i saltlake, skivade

- kvarg 3 matskedar

Vägbeskrivning:

a) Hetta upp en spray oliv i en stekpanna och fräs löken tills den är mjuk. Tillsätt vitlöken i en minut och tillsätt sedan kornet. Rör om med löken och häll över den varma fonden.

b) Täck över och låt sjuda i 40 minuter, eller tills kornet är mjukt.

c) Rör om ärterna, zucchini och kronärtskockor med mycket krydda och låt sjuda i ytterligare 5 minuter tills ärtorna är kokta.

d) Ta av från värmen, rör ner kvarg och servera.

61. Purjolök & parmesan risotto

Serverar 2

Ingredienser:

- smör 25 g

- olivolja 1 matsked

- vårlökar 4, hackade

- purjolök 2, putsad och finhackad

- vitlök 2 klyftor, skivade

- arborio ris 150g

- vitt vin ett glas

- grönsaks- eller kycklingfond 750ml

- parmesan (eller vegetariskt alternativ) 25 g, finriven (vi använde Parmigiano Reggiano)

Vägbeskrivning:

a) Koka upp fonden. Hetta upp en stor vid panna och tillsätt hälften av smöret och olivoljan. Tillsätt vårlöken, purjolöken och vitlöken och koka i 5 minuter tills den mjuknat.

b) Tillsätt riset och rör om tills det täcker, häll sedan i vinet och bubbla tills det reducerats. Tillsätt fonden lite i taget, rör om tills riset är mört med lite tugga och ösigt.

c) Rör ner parmesan och resten av smöret och krydda.

62. Kålrisotto

Utbyte: 3 portioner

Ingredienser

- 4 matskedar olivolja

- ⅓ kopp lök, hackad

- 1 kopp Arborio ris

- $2\frac{3}{4}$ kopp grönsaksfond

- 1 kopp grönkål, strimlad

- $\frac{1}{4}$ kopp italiensk persilja, hackad

- Salta & peppra, efter smak

Vägbeskrivning:

a) Hetta upp olja i en stor gryta tills den är varm. Tillsätt lök, rör om och fräs i några minuter tills den är mjuk men inte brynt. Tillsätt ris, rör om för att täcka och koka i 1 minut.

b) Tillsätt fond och låt koka upp, rör om ofta. Låt buljongen koka upp, sänk värmen och låt sjuda, delvis täckt i 10 minuter.

c) Tillsätt kål, persilja, salt & peppar. Rör om ordentligt & fortsätt sjuda, rör om då och då tills riset är kokt & krämigt & all sticka har absorberats.

d) Servera omedelbart.

63. Räkrisotto med pilgrimsmusslor

Serverar 4

Ingredienser:

- smör 100g, plus en knopp

- schalottenlök 2, finhackad

- risottoris 450g

- fisk eller lätt kycklingfond 750ml-1 liter, varm

- råskalade räkor 350-400g

- citron 1, skalad och saftad

- mascarpone 3 matskedar

- pilgrimsmusslor 12, apelsinrom och sidomuskler borttagna

- gräslök 1 knippe, finhackad

- basilika ½ knippe, hackad

Vägbeskrivning:

a) Smält smöret i en stor tjockpanna och koka schalottenlöken försiktigt tills den är mjuk men inte fått färg. Tillsätt riset och rör om tills kornen är väl täckta med smör.

b) Tillsätt den varma buljongen gradvis, cirka 200 ml åt gången, rör om varje tillsats väl, tills riset är precis mört, detta tar cirka 20 minuter. Hur mycket lager du behöver beror på vilken typ av ris du använder.

c) Tillsätt räkorna när riset är klart men fortfarande al dente, krydda sedan och tillsätt citronskal och saft. Vänd på räkorna så att de steker på båda sidor, och när de är klara lägger du i mascarponen och vik in den.

d) Låt risotton sitta i 5 minuter medan du steker pilgrimsmusslorna en minut på varje sida i en klick smör i en stekpanna. Tillsätt dessa i risotton och strö över hackad gräslök och basilika.

64. Krabbarisotto med spenat och ärtor

Serverar 4-6

Ingredienser:

- olivolja för stekning

- lök 1, tunt skivad

- vårlök ett litet gäng, fint skivad

- arborio ris 350g

- vitlök 2 klyftor, krossade

- vitt vin 170ml

- kycklingfond 1,1 liter

- frysta petits pois 150g

- parmesan 70g, riven, plus extra att servera

- $\frac{1}{2}$ citron, saftad, plus klyftor att servera

- dubbel grädde 2 matskedar

Grön sås

- spenat 200 g

- frysta petits pois 150g, upptinade

- extra virgin olivolja 60ml

Krabbsalsa

- ½ rödlök, finhackad

- vitt krabbkött 200g

- röd chili 1, urkärnad och finhackad

- plattbladig persilja en näve, hackad

- citron ½, saftad

Vägbeskrivning:

a) Hetta upp olja i en stor gryta eller djup stekpanna och fräs löken och vårlöken försiktigt i 5 minuter tills den mjuknat.

b) Skruva upp värmen till medel, tillsätt ris och vitlök och stek i 1 minut tills riset är täckt av oljan och blir genomskinligt.

c) Häll i vinet, rör hela tiden, och låt det nästan reducera helt. Sänk värmen till låg-medel och tillsätt sakta buljongen, en slev i taget, rör om regelbundet, tillsätt bara mer när den sista sleven har absorberats. Säsong.

d) För den gröna såsen, lägg spenat, ärtor, olivolja och 100 ml vatten i en mixer eller matberedare. Blixt till en slät sås.

e) När du har tillsatt all fond och riset nästan är färdigkokt (det tar ca 25-30 minuter), rör ner den gröna såsen. Fortsätt att röra risotton i ytterligare 10 minuter och rör sedan ner ärtor, parmesan, citron och grädde.

f) Krydda och låt sjuda i 5 minuter tills ärtorna är kokta och riset är mört.

g) Blanda ihop alla ingredienser för krabbasalsan.

h) För att servera, häll upp risotton i skålar och toppa med krabbasalsa och en klick olivolja. Servera med citronklyftor och parmesan.

65. Varmrökt laxrisotto

Serverar 2

Ingredienser:

- Smör

- lök 1, finhackad

- risottoris 150g

- vitt vin litet glas, ca 125ml

- grönsaksbuljong 1 liter uppvärmd och sjudande

- citron 1, saftad och skalad

- dill en näve, hackad

- varmrökt laxfilé 150g, flingad

Vägbeskrivning:

a) Smält en klick smör i en vid grund panna.

b) Koka löken tills den är mjuk, tillsätt sedan riset och rör om för att täcka. Häll i vinet och bubbla tills det absorberats, tillsätt sedan buljongen gradvis under omrörning tills riset är precis mört.

c) Tillsätt citronen, rör ner laxen och dillen och servera.

66. Brunsmörad krabbarisotto

Serverar 2

Ingredienser:

- schalottenlök 2 långa eller 4 runda, tärnade

- saltat smör 25g, plus ett par knoppar

- risottoris 150g

- brunt eller vitt krabbkött 100g blandad gryta

- torrt vitt vin 175ml

- fiskfond 550ml, varm

- riven parmesan 1 matsked

- vitpeppar eller mald muskotblomma eller muskotnöt en nypa av varje

- några få gräslök, klippt för servering

Vägbeskrivning:

a) Mjuka försiktigt schalottenlöken i ett par klick smör i en stekpanna. När de är mjuka men inte fått färg, rör ner riset i en minut, följt av bara det bruna krabbköttet. Häll över vinet och låt sjuda tills det nästan har avdunstat.

b) En slev i taget, tillsätt det mesta av fiskbuljongen (lämna ett par skedar bakom), rör om efter varje tillsats tills fonden nästan absorberats.

c) När riset är mört och krämigt, ta av värmen, rör ner parmesanen och täck med lock eller bricka för att hålla värmen.

d) Smält 25 g smör i en liten stekpanna. När det är helt smält, höj värmen lite medan du rör hela tiden tills smöret är gyllenbrunt och nötaktigt.

e) Rör ner det vita krabbköttet så att det blir försiktigt genomvarmt.

f) Avtäck risotton och rör om – om den har tjocknat vid stående rör om i sista slev fond – och smaka av med en nypa mald muskotblomma, muskotnöt, vitpeppar och salt.

g) Skeda över det vita krabbköttet och brynt smör. Strö över gräslök till servering.

67. Musselrisotto

Serverar 4

Ingredienser:

- 1,2 kg (2 lbs) färska, levande musslor, skurade och rengjorda

- 6 matskedar Extra Virgin olivolja

- 2 vitlöksklyftor, skalade och finhackade

- 600 g mogna, squashy tomater,

- 350 g (12oz) helst arborioris

- 1,2 liter (2 pints) fiskfond

- en näve färsk, platt bladpersilja

- havssalt och nymalen svartpeppar

- 25 g (1 oz) osaltat smör

Vägbeskrivning:

a) Lägg alla de rena musslorna i en bred, grund panna. Lägg ett lock på pannan och sätt pannan på medelhög till hög värme.

b) Skaka pannan över värmen, uppmuntra alla musslor att öppna sig.

c) Efter ca 8 minuter kommer alla som ska öppnas att ha öppnat. Ta ut musslorna när de öppnar sig.

d) Ta bort musslorna från skalen och släng alla utom de snyggaste skalen som du kan spara till dekoration.

e) Sila av vätskan från musslorna genom en mycket fin sil och ställ åt sidan. Släng alla oöppnade skal och tomma skal du inte vill ha.

f) Stek sedan vitlöken och oljan tillsammans tills vitlöken är blond och tillsätt sedan allt ris.

g) Blanda noggrant tills riset är sprakande varmt och väl belagt med olja och vitlök. Tillsätt nu vätskan från musslorna och tomaterna.

h) Blanda ihop tills riset har absorberat vätskan, börja sedan tillsätta den varma fiskbuljongen gradvis.

i) Rör hela tiden och tillsätt bara mer fond när den tidigare mängden har absorberats av riset.

j) Fortsätt på detta sätt tills riset är tre fjärdedelar kokt, tillsätt sedan de kokta musslorna och persiljan.

k) Smaka av med salt och peppar och fortsätt att tillsätta fond, rör om och tillsätt mer fond när riset har sugit upp den tidigare fonden.

l) När riset är krämigt och sammetslent, men kornen
    fortfarande är fasta i mitten, ta risotton från värmen och
    rör ner smöret.

m) Täck över och låt vila i 2 minuter, överför sedan till ett
    uppvärmt fat, dekorera med de sparade skalen och servera
    på en gång.

68. Skaldjursrisotto

Utbyte: 4 portioner

Ingrediens

- 1 kilo musslor; rengöras

- 200 milliliter Torrt vitt vin

- 600 milliliter Fiskfond

- 3 matskedar extra virgin olivolja

- 750 gram Kylt osaltat smör; tärnad

- 1 lök

- 2 vitlöksklyftor; finhackat

- 1 2 1/2 cm paj färsk rot ingefära, riven

- 1 röd chili; kärnade och finhackad

- 350 gram Arborio ris eller annat ris

- 1 nypa saffransståndare; blötlagd i 1 msk varmt vatten

- 225 gram bläckfisk; rengöras och skivas

- 225 gram Okokta skalade tigerräkor

- 2 plommontomater; kärnade och tärnade

- 2 msk Hackad färsk basilika och plattbladig persilja

- Salt och nymalen svartpeppar

Vägbeskrivning:

a) Lägg musslorna i en kastrull med 50 ml/2fl oz av vinet. Täck ordentligt och koka på hög värme i några minuter, skaka då och då, tills de har öppnat sig - kassera alla som inte gör det. Sila genom en sil. Ta bort köttet från musslorna och reservera.

b) Lägg fonden i en kastrull och häll i kokvätskan, lämna kvar eventuellt gryn - du bör ha 300ml/halv pint totalt. Låt sjuda försiktigt.

c) Hetta upp två matskedar av oljan och 25 g/1 oz av smöret i en sautépanna.

d) Tillsätt lök, vitlök, ingefära och chili och koka i ca 5 minuter tills det mjuknat men inte fått färg.

e) Rör ner riset och koka i några minuter tills det är nötigt och parfymerat. Tillsätt resten av vinet och låt bubbla bort under omrörning. Tillsätt en slev av fonden och koka försiktigt under omrörning tills det absorberats.

f) Fortsätt att tillsätta fond på detta sätt, tillsätt saffransblandningen efter ca 10 minuter - hela processen tar 20-25 minuter tills riset är mört men 'al dente'.

g) Hetta upp den återstående matskeden olja i en wok. Tillsätt bläckfisk och räkor och fräs i 1-2 minuter, tillsätt sedan tomater, örter och reserverat musslekött, blanda ihop och ta av från värmen.

h) Ca 2 minuter innan risotton är tillagad, vänd ner skaldjursblandningen och vänd sedan i resten av smöret under omrörning tills det är emulgerat. Servera på en gång.

69. Räkrisotto i Cajun-stil

Utbyte: 4 portioner

Ingredienser

- 29 uns kycklingbuljong; 2 burkar

- 1 pund medelstora räkor; skalade och deveirade

- 1 tsk salt; dividerat

- 2 matskedar olivolja; dividerat

- 10 uns tomater med grön chilis; konserverad (reservjuice)

- 2 dl Arborio ris

Vägbeskrivning:

a) Koka upp buljong och $2\frac{3}{4}$ dl vatten i en stor kastrull.

b) Värm 1 matsked olja i holländsk ugn över hög värme 3 minuter. Tillsätt räkor, fördela jämnt i pannan. Koka i 2 minuter, vänd en gång, tills de fått färg.

c) Tillsätt tomat, grön chili och juice, koka 1 till 2 minuter; överför räkblandningen till skålen.

d) Sänk värmen till medelhög. Tillsätt resterande matsked olja i grytan. Tillsätt ris och koka 1 minut, rör om tills kornen glittrar. Rör i 1 dl buljongblandning och koka, rör om tills vätskan precis absorberats.

e) Tillsätt gradvis återstående buljongblandning till riset, $\frac{1}{2}$ kopp i taget, under konstant omrörning tills vätskan absorberas, 20 till 25 minuter till. Rör ner räkblandningen och resterande $\frac{1}{2}$ tsk salt.

f) Servera omedelbart.

70. Krabbakaka & salladslöksrisotto

Utbyte: 4 portioner

Ingredienser

- 300 milliliter Vitlingfilé

- 2 ägg

- Salt och mald vitpeppar

- 1 röd chili; fröad och fint

- ; hackad

- $\frac{1}{2}$ tsk Malen koriander

- $\frac{1}{2}$ tesked Mald ingefära

- Lite finrivet limeskal

- 1 schalottenlök; finhackat

- 85 milliliter Dubbel grädde

- 100 gram vitt krabbkött

- Vanligt mjöl och torrt ströbröd till

- ; beläggning

- 1 msk olivolja

- 2 schalottenlök; finhackat

- 1 vitlöksklyfta; finhackat

- ½ tesked färsk timjan; hackad

- 200 gram risottoris

- 400 milliliter Varm grönsaksfond

- 2 msk Double cream

- 100 gram Mascarpone

- 4 vårlökar; hackad

- 75 gram parmesan; riven

- 200 gram plommontomater; flådd, frösådd

- 3 schalottenlök; finhackat

- 1 röd chili; seedade

- 1 vitlöksklyfta; krossad

- 4 tsk Senapsvinägrett

- Vegetabilisk olja för fritering

- 4 matskedar chiliolja

- Körvelkvistar; att garnera

Vägbeskrivning:

a) För krabbakakor, flytande vitling med 1 ägg tills den är slät. Tillsätt salt, peppar, chili, koriander, ingefära, limeskal och schalottenlök och vänd sedan ner grädden och krabbaköttet.

b) Dela i fyra och forma till rundlar. Kyl tills den stelnar.

c) Rulla i mjöl, pensla med resterande ägg, vispa och strö i ströbröd. Belägg igen med mjöl, ägg och smulor, kyl sedan crab cakes tills de är klara att tillagas.

d) Till risotto, hetta upp oljan i en stekpanna och fräs schalottenlök, vitlök och timjan tills de är mjuka. Tillsätt riset och koka i 2-3 minuter, häll sedan på den varma fonden.

e) Sjud i 10-15 minuter, rör om ofta, tills riset är mört men fortfarande har en liten bit.

f) När du ska servera, rör ner grädden och värm upp igen. Tillsätt mascarpone, vårlök och parmesan och kolla smaksättningen.

g) För salsan, blanda alla ingredienserna och kyla.

h) För att servera, fritera krabbakakorna i het olja tills de är gyllene. Låt rinna av på hushållspapper. Skeda varm risotto i mitten av fyra serveringsfat och lägg en krabbakaka ovanpå varje. Skeda lite salsa på varje krabbakaka och ringla chilioljan runt risotton. Garnera med körvelkvistar.

71. Laxrisotto

Serverar 4

Ingredienser:

- 400 g (14 oz) laxfilé

- 1 lagerblad

- havssalt 400 g (14 oz)

- 5 svartpepparkorn

- 1 glas torrt vitt vin

- 2 msk hackad färsk persilja

- en näve persilja

- skal av en mycket liten citron

- 75 g (3 oz) osaltat smör

- 4 skivor rökt lax, skuren i strimlor

Vägbeskrivning:

a) Tvätta och kontrollera fisken, ta bort eventuella synliga ben.

b) Lägg lagerblad, salt, pepparkorn, citronskal och persilja i en kastrull som är tillräckligt stor för att ta upp fisken och täck med vatten.

c) Sjud försiktigt i cirka 20 minuter, sänk sedan ner laxen i vattnet. Pochera i cirka 10 minuter, täck sedan över och ta av värmen.

d) Låt laxen stå tills den är kokt i det varma smaksatta vattnet.

e) Ta försiktigt bort fisken, skinnet och filén och skär sedan i små bitar.

f) Sila och reservera lagret. Låt fonden sjuda.

g) Stek hälften av smöret och oljan med schalottenlöken tills den precis mjuknat i en djup, tjockbottnad panna.

h) Tillsätt riset och rosta kornen noggrant, tillsätt sedan vinet.

i) Koka i 2 eller 3 minuter så att alkoholen brinner av, börja sedan tillsätta den varma laxfonden, rör hela tiden och låt alltid vätskan absorberas innan du tillsätter mer.

j) Fem minuter innan riset är tillagat, rör ner de kokta fiskfiléerna, bryt en del medan du rör igenom dem.

k) När riset är mört tar du kastrullen från värmen och rör ner smöret.

l) Täck med lock och låt vila i 2 minuter och lägg sedan över till ett fat. Strö över den hackade persiljan, citronskalet och de små remsorna av rökt lax till servering.

72. Kräftrisotto

Utbyte: 4 portioner

Ingredienser

- 1½ kopp kräftkött (eller hummer som ersättning)
- 1 kopp långkornigt ris
- 4 uns bacon
- 1½ kopp vit sås
- 18 ostron, pärlstav
- ½ tsk salt
- 2 msk torr sherry
- ½ kopp tomater, halverade
- 3 citroner, skivade
- Persilja

Vägbeskrivning:

a) Skär upp baconet och stek. Håll varmt i ugn 2. Använd lite av baconfettet för att steka riset.

b) Rör om riset medan det steker och stek tills det är brunt.

c) Tillsätt fyra koppar kokande vatten och saltet och koka riset tills det är mört. Häll av vattnet och håll riset varmt i ugnen.

d) Gör en vit sås och tillsätt sherryn. Blanda sedan i kräftorna och ostronen och salta och peppra efter smak.

e) Servera på ett stort fat med kräftorna i mitten och tomat- och citronskivorna varvat med persilja runt kanten.

73. Grillad rosmarin fiskrisotto

Utbyte: 1 portioner

Ingredienser

- 3 matskedar olivolja

- 2 msk citronsaft

- 2 msk nyhackad rosmarin

- salt och peppar efter smak

- 4 stora filéer John Dory eller fast köttad fisk

Risotto

- 1 liter kyckling-, fisk- eller grönsaksfond

- 2 msk smör eller olja

- 1 liten lök, finhackad

- 1 vitlöksklyfta, krossad

- 1 dl arborioris

- 100 ml vitvinsjuice

- skal av 1 citron

- 100g finriven parmesanost

- salt och nymalen svartpeppar

Vägbeskrivning:

a) Blanda olja, citronsaft, rosmarin samt salt och peppar. Lägg fiskfiléerna i denna blandning och håll åt sidan tills de behövs. För att laga mat, lägg under en uppvärmd grill i 3-4 minuter på varje sida.

b) Lägg fonden i en kastrull och låt koka upp försiktigt. Hetta upp oljan i en tjock vid panna och tillsätt löken och vitlöken, koka försiktigt tills den mjuknat. Tillsätt riset och blanda väl för att täcka med olja eller smör.

c) Rör ner vinet och koka tills det absorberats, häll sedan i lite av fonden. Rör hela tiden och fortsätt att tillsätta fonden när den absorberas i riset.

d) Efter ca 25 minuter ska risotton ha absorberat det mesta av fonden och vara kokt och krämig.

e) Tillsätt citronsaft och skala parmesanen, salta och peppra.

f) Smaka av efter rätt krydda och servera på en gång till den grillade fisken.

74. Grå mulle risotto

Utbyte: 4 portioner

Ingredienser

- 4 filéer mullet trimmade

- 55 gram Canaroli ris

- 30 gram smör

- 1 liten schalottenlök; finhackat

- 1 Desertsked blancherad hackad rosmarin

- 290 milliliter vatten eller fond

- 1 muskotnöt; riven

- 290 milliliter Fiskfond

- 1 liten schalottenlök; grovt hackad

- 110 gram osaltat smör

Vägbeskrivning:

g) Blanda olja, citronsaft, rosmarin samt salt och peppar. Lägg fiskfiléerna i denna blandning och håll åt sidan tills de behövs. För att laga mat, lägg under en uppvärmd grill i 3-4 minuter på varje sida.

a) Svetta schalottenlöken i smöret ett par minuter, tillsätt riset, krydda och koka tills det börjar avge en nötdoft. Tillsätt fonden lite i taget och vänta tills varje tillsats har absorberats tills mer tillsätts.

b) När all fond är borta, dra bort riset från värmen och rör ner rosmarin.

c) Svetta schalottenlöken och muskotnöten i ungefär ett halvt uns av smöret.

d) Tillsätt fiskbuljongen och reducera tills en tredjedel återstår, tärna resterande smör och vispa gradvis ner det i den kokande såsen, kontrollera smaksättningen och sila.

e) Bryn fiskköttet i en het panna och stek sedan med skinnsidan uppåt under en lagom het grill, detta bör ta 5-8 minuter.

f) För att servera lägg lite risotto i mitten av tallriken, fiska ovanpå och omslut med sås.

75. Curry hummer risotto

Utbyte: 1 portioner

Ingredienser

- 2 pund hummer tillagad, urbenad

- $1\frac{1}{2}$ tesked jordnötsolja

- 4 små schalottenlök; tärnad

- 2 medium spanska lökar; tärnad

- $\frac{1}{2}$ morot; tärnade fint

- 1 stjälkselleri; tärnade fint

- 1 tesked färsk ingefära; tärnade fint

- 2 vitlöksklyftor; mald

- 2 tsk currypulver; västindiska

- 1 kopp Arborio ris, italiensk stil

- 3 romska tomater; skala/sådda

- 8 dl kyckling- eller hummerfond

- $\frac{1}{2}$ msk hackad koriander

- 1 msk thaibasilika, eller vanlig

- 2 msk parmesanost

- $1\frac{1}{2}$ msk osaltat smör

- $\frac{1}{2}$ kopp papaya; kubad

- $\frac{1}{2}$ kopp mango; kubad

- $\frac{1}{2}$ banan; skivad

- Salt att smaka

Vägbeskrivning:

h) Blanda olja, citronsaft, rosmarin samt salt och peppar. Lägg fiskfiléerna i denna blandning och håll åt sidan tills de behövs. För att laga mat, lägg under en uppvärmd grill i 3-4 minuter på varje sida.

a) Hetta upp jordnötsolja och fräs schalottenlök, lök, morot, selleri, ingefära, vitlök, curry och ris tills grönsakerna är mjuka. Tillsätt tomater och hälften av fonden.

b) Koka upp. Sänk värmen till sjud, utan lock, rör om då och då. Reducera tills lagret nästan är slut. Tillsätt återstående buljong och upprepa processen tills riset är al dente och fonden har avdunstat. Tillsätt resterande ingredienser. Blanda väl över hög värme.

c) Smaka av med salt efter smak och tillsätt hummerköttet. Rör om och servera genast.

76. Risotto med krabbkött

Utbyte: 6 portioner

Ingredienser

- 3 matskedar smör

- 1 liten lök, finhackad

- $1\frac{1}{2}$ kopp arborioris

- 5 dl kycklingfond

- $\frac{1}{2}$ dl vispgrädde

- $3\frac{1}{2}$ uns färsk getost

- 8 uns Krabbkött

- ⅓kopp hackad färsk basilika

Vägbeskrivning:

a) Blanda olja, citronsaft, rosmarin samt salt och peppar.

b) Lägg fiskfiléerna i denna blandning och håll åt sidan tills de behövs. För att laga mat, lägg under en uppvärmd grill i 3-4 minuter på varje sida.

c) Smält smör i tjock stor kastrull på medelvärme. Tillsätt hackad lök och fräs tills den är genomskinlig, cirka 3 minuter.

d) Tillsätt ris och fräs 1 minut. Tillsätt 1 dl kycklingfond till riset, sänk värmen och låt sjuda tills vätskan absorberas, rör om ofta.

e) Fortsätt att tillsätta tillräckligt med kvarvarande kycklingfond 1 kopp i taget tills riset är precis mört men fortfarande fast att bita, rör om ofta och låt varje tillsats absorberas innan du tillsätter nästa, cirka 20 minuter. Tillsätt vispgrädde och låt sjuda i 2 minuter.

f) Blanda i getost, sedan krabbkött och hackad basilika. Krydda risotton efter smak med salt och peppar.

77. Räkrisotto

Utbyte: 4 portioner

Ingredienser:

- 550 gram Head-on råa räkor

- 1¼ liter grönsaks- eller kycklingfond

- 85 gram osaltat smör

- 2 schalottenlök; hackad

- 2 vitlöksklyftor; hackad

- 300 gram risottoris

- 1 liten kvist rosmarin; 4 cm lång

- 1 lagerblad

- 250 gram Mogna tomater, hackade

- 1 Generöst glas torrt vitt vin

- 2 msk hackad persilja

- 3 matskedar Hackad söt cicely

- 30 gram parmesanost; nyriven

- Salt och peppar

Vägbeskrivning:

a) Skala räkorna, behåll köttet. Värm 15 g smör i en panna som är tillräckligt stor för att fonden ska ha plats över.

b) När det skummar, tillsätt räkskalen och huvudena och rör om tills de blir vackert rosa skaldjur. Tillsätt fonden och 600 ml/1 pint vatten och koka upp. Sjud i 30 minuter för att dra fram räksmaken och sila.

c) För räkorna: Om du kan se ett svart streck löpa längs ryggen, gör en skåra med spetsen på en vass kniv längs ryggen och ta bort den fina svarta tarmen från strax under ytan. Om de är tiger, kung eller en typ av stora räkor, halvera eller trea var och en.

d) Koka upp fonden igen om det behövs och sänk värmen till en tråd så den håller sig varm och inte kokar bort. Smält 45g/1 1/2oz återstående smör i en vid panna.

e) Fräs schalottenlök och vitlök mycket försiktigt i smöret tills det blir genomskinligt, utan att bryna. Tillsätt rosmarin, ris och lagerblad i pannan och rör runt i ungefär en minut tills riset blir genomskinligt.

f) Tillsätt tomater, persilja och vin. Smaka av med salt och rikligt med peppar och låt koka upp. Rör om rismixen kontinuerligt tills all vätska har absorberats. Tillsätt en rejäl slev fond och rör om tills allt som också har absorberats.

g) Upprepa tills riset är mört men med en liten fasthet, dock absolut inte kritigt. Konsistensen bör vara på gränsen till soppig, eftersom den fortfarande har ett par minuter kvar.

h) Tiden det tar för vätskan att absorberas och riset ska kokas bör vara cirka 20-25 minuter.

i) Rör till sist ner räkorna och det söta och koka under omrörning i ytterligare 2-3 minuter tills räkorna blivit rosa. Rör ner resterande smör och parmesan, smaka av och justera kryddningen och servera sedan.

78. Risotto med bläckfisk

Utbyte: 1 portioner

Ingredienser:

- 1½ pund bläckfisk med tentakler

- 4 matskedar olivolja

- 1 stor lök; hackad

- 1 st Pimiento; hackad

- 1 st tomat; skalad, hackad

- 2 vitlöksklyftor; mald

- 1 msk persilja, finhackad

- Kosher salt; att smaka

- Peppar; att smaka

- 1 nypa saffranstrådar

- ½ varje chilipeppar, urvattnad; smulas sönder

- ¼ kopp torrt rött vin

- 2 koppar kortkornigt ris

- 3 dl fiskbuljong eller juice, uppvärmd till kokning

- 1 st Pimiento, skuren i strimlor

Vitlökssås

- 3 vitlöksklyftor, krossade

- ½ kopp olivolja

Vägbeskrivning:

a) Rengör bläckfisken, spara bläcksäckarna och tentaklarna. Skär bläckfisken i ½ tum breda ringar eller i bitar. Hacka tentaklarna.

b) I en bred, grund gryta, helst lergods och cirka 12 tum i diameter, värm oljan och fräs löken tills den vissnat.

c) Tillsätt bläckfiskringar och tentakler och fräs i 5 minuter; tillsätt sedan hackad pimiento, tomat, vitlök, persilja, salt, peppar, saffran och chilipeppar.

d) Täck över och låt sjuda i 30 minuter. Bryt bläcksäckarna i en kopp och blanda med vinet. Passera denna blandning genom en sil flera gånger tills det mesta av bläcket har extraherats. Boka.

e) Tillsätt riset och den kokande heta buljongen i grytan och rör ner bläckblandningen. Krydda med salt och peppar. Koka upp och koka på medelhög värme, utan lock, och rör om då och då, i 10 minuter, eller tills riset inte längre är soppigt men lite vätska finns kvar.

f) Dekorera med pimiento-remsorna och överför till en 325-graders ugn. Grädda i 15 minuter utan lock tills vätskan absorberats men riset inte är helt klart. Ta ut ur ugnen, täck lätt med folie och låt stå i 10 minuter.

g) Medan riset vilar gör du vitlökssåsen. Lägg den pressade vitlöken i en processor eller mixer. Mycket gradvis, med motorn igång, häll i oljan. Mixa tills det är slätt. Servera separat.

79. Marulk risotto med saffran

Utbyte: 1 portioner

Ingredienser:

- 6 små Fyll marulk

- Ris

- 1 påse saffran

- 2 msk smör

- 1 fiskbuljongtärning

- Marinerad olja; eller olivolja till stekning

- Havssalt; ett strössel

- Peppar; ett strössel

Vägbeskrivning:

a) Koka ris enligt anvisningar på förpackningen, tillsätt fiskbuljong och saffran.

b) Tillsätt smöret när det är klart.

c) Lägg fiskbitarna på en stekpanna och stek på hällen på båda sidor i cirka 10 minuter.

d) Strö havssalt och peppar på fisken och ringla över lite av den marinerade oljan, eller bara olivolja.

e) Blanda riset och fisken till en risotto.

80. Risotto marinara

Utbyte: 1 portioner

Ingredienser:

- 1 msk olivolja

- 2 vitlöksklyftor; mald

- 200 gram bläckfisk; tvättas

- 200 gram råa gröna räkor; huvuden och skal borttagna

- 1 200 gram filé atlantlax; tärnad

- ½ kopp finhackad persilja

- 1 msk olivolja

- 10 vårlökar; hackad

- 400 gram ferronris

- 300 milliliter Torrt vitt vin

- 800 milliliter Rik fiskbuljong; sjudande

- 4 romska tomater; finhackat

- 1 msk gräddfil

- 2 msk riven parmesanost

- ½ dl finhackad persilja

Vägbeskrivning:

a) Hetta upp olivoljan och fräs vitlöken försiktigt.

b) Tillsätt den beredda skaldjuren och koka kort tills fisken och skaldjuren är ogenomskinliga, tillsätt persiljan i sista stund. Ta bort från värmen och ställ åt sidan.

c) Hetta upp resterande matsked olivolja och fräs vårlöken. Tillsätt riset, rör om för att täcka.

d) Tillsätt det vita vinet och låt det absorberas och tillsätt sedan den första tillsatsen av fiskfond tillsammans med de finhackade tomaterna.

e) Fortsätt tillagningen och tillsätt ytterligare buljong när den föregående absorberas.

f) När det bara finns en liten mängd fond kvar, tillsätt den kokta fiskblandningen och all dess juice med den sista tillsatsen av fond och fortsätt sjuda i cirka 2 minuter, eller tills det mesta av vätskan absorberats.

g) Tillsätt gräddfil, ost och persilja, rör om väl för att blandas och servera omedelbart.

81. Risotto jätteräkor

Utbyte: 6 portioner

Ingredienser:

- ½ pund räkor -- skalade

- 1 vitlöksklyfta - finhackad

- 3 matskedar citronsaft

- 1 msk persilja - finhackad

- 3 matskedar smör

- 1 vitlöksklyfta - finhackad

- 1 liten lök - finhackad

- 1¼ kopp kycklingfond

- ½ kopp vitt vin

- 1 kopp Arborio ris

- ¼ kopp parmesanost - riven

Vägbeskrivning:

a) ATT FÖRBEREDA RÄKOR: Skala, rensa av ådror och skär på mitten. Blanda med citronsaft, vitlök och persilja.

b) Lägg i en glasform och låt mikrovågsugnen stå i 3 minuter. Avsätta.

c) ATT FÖRBEREDA RISOTTO: Blanda smör, vitlök och lök i ett glasfat. Koka på hög 2-3 minuter. Rör ner ris för att täcka. Tillsätt uppvärmd buljong och vin. Täck över och koka på hög 6 minuter tills det kokar.

d) Minska hög till medium och koka ytterligare 6 minuter. Rör i räkor och deras juice och koka 3 minuter på hög. Blanda i ost och låt stå i 5 minuter.

82. Ostig majsrisottobaka

Utbyte: 4 portioner

Ingredienser:

- 1 msk smör
- 1 lök, hackad
- 1 kopp söt röd paprika, hackad
- 1 kopp söt grön paprika, hackad
- 1 kopp arborio eller kortkornigt ris
- $1\frac{1}{2}$ kopp varmt vatten
- 2 dl majskärnor
- 1 kopp mjölk
- 1 ägg
- 2 tsk All-purpose mjöl
- $1\frac{1}{4}$ tesked salt
- $\frac{3}{4}$ tesked peppar
- 2 koppar vit gammal cheddar, strimlad
- ⅓kopp färsk basilika, hackad
- 1 tomat, skivad

- 1 msk parmesan, nyriven

Vägbeskrivning:

a) Smält smör på medelhög värme i en stor kastrull; koka lök och röd och grön paprika, rör om då och då, i 5 minuter. Tillsätt ris; koka under omrörning i 1 minut. Tillsätt vatten och majs; koka upp.

b) Sänk värmen till låg; täck och koka i cirka 15 minuter eller tills vätskan absorberats.

c) Vispa ihop mjölk, ägg, mjöl, salt och peppar; rör ner i risblandningen tillsammans med cheddar och basilika. Häll i smord 8-tums fyrkantig ugnsform. Ordna tomatskivor ovanpå; strö över parmesan.

d) Grädda på plåt i 350F 180C ugn i 25-35 minuter eller tills vätskan absorberats. Låt stå i 5 minuter.

83. Iotisk risotto

Utbyte: 6 portioner

Ingredienser

- 4 matskedar smör

- $2\frac{1}{2}$ kopp lök; hacka

- $2\frac{1}{2}$ kopp rått långkornigt ris

- 1 kopp torrt vitt vin

- 5 dl kycklingbuljong

- $1\frac{1}{2}$ tsk salt

- $\frac{1}{2}$ pund schweizisk ost; galler

- 2 msk smör

- 7 uns kan svamp

- 2 matskedar persilja; hacka

Vägbeskrivning:

a) Smält smöret i en 4-liters gryta och fräs löken i den tills den är gyllene. Tillsätt riset, rör om tills det är väl täckt med smör.

b) Tillsätt vitt vin och buljong (som kan vara en del kycklingbuljong och en del vatten) och salt.

c) Koka upp, täck och låt sjuda tills riset är mört. Vätskan kommer att absorberas, men riset blir inte torrt och fluffigt. Koktiden från det att riset börjar koka tills det är mört bör vara ca 20 minuter.

d) Tillsätt schweizerosten, rör om så att den blandas väl och smälter den.

e) Ta grytan från värmen och ställ åt sidan, täckt. Smält smöret i kastrullen och tillsätt den avrunna svampen.

f) Koka dem några minuter tills de är genomvarma. Bryn dem inte.

g) Lägg det kokta riset i en stor skål, strö över persiljan och häll sedan svampen över allt. Servera omedelbart.

84. Couscousrisotto med pecorino

Utbyte: 1 portioner

Ingredienser

- ⅓kopp schalottenlök eller salladslök, hackad

- 1 msk skivad vitlök

- 2 dl Shiitakesvamp, skivad, stjälkarna avlägsnas

- 2 msk olivolja

- 2 koppar israelisk typ couscous (stor)

- ½ kopp torrt vitt vin

- 4 koppar rik kyckling- eller grönsaksfond

- 1 msk citronskal, rivet

- ½ kopp fast mogen tomat, kärnad, tärnad

- ¼ kopp gräslök, hackad

- ½ kopp pecorinoost, nyriven

- Färska vilda svampar, grillade

- Grillad salladslök

Vägbeskrivning:

a) Fräs schalottenlök, vitlök och shiitake i olivolja tills de fått lätt färg. Tillsätt couscousen och fräs en minut eller två längre. Tillsätt vinet och 1 dl fond och rör om då och då tills vätskan absorberats.

b) Tillsätt återstående fond och fortsätt att koka och rör om då och då tills fonden nästan absorberats (cirka 10 minuter). Rör ner citronskal, tomater, gräslök och ost och servera genast i varma skålar toppade med grillad svamp och salladslök om du använder.

85. Risotto milanese

Utbyte: 1 portioner

Ingredienser

- 1 medium 1% mjölk; hackad

- 5 matskedar smör

- 3 matskedar olivolja

- 2 dl Arborio ris

- $\frac{3}{4}$ kopp vitt vin

- $\frac{1}{2}$ kopp Reggiano parmesan

- 6 koppar Stock; (upp till 8)

- 1 nypa saffran

Vägbeskrivning:

a) Koka upp fonden och sänk sedan värmen till varm, så att det är strax under sjudande under hela operationen. Ta ut cirka $\frac{1}{2}$ C fond och tillsätt en ganska stor nypa krossat saffran i den.

b) I din risottopanna, smält försiktigt 3 T smör tillsammans med 3 T olivolja. Tillsätt sedan lök, öka värmen till låg och fräs tills löken är mjuk och precis blir gyllene. Rör om, allt mer mot slutet, så att de inte bränns. Medan det händer, riv cirka $\frac{1}{2}$ C ost.

c) När löken är klar, tillsätt riset, höj värmen till medel och rör om i cirka 3 minuter tills riset ser juvelfärgat ut.

d) Tillsätt vinet och låt det fräsa och ånga iväg. Börja tillsätta fonden, ungefär en kopp i taget. Tillsätt det under konstant omrörning och låt det absorberas, tillsätt sedan ytterligare en kopp, och så vidare, tills det är al dente.

e) När riset närmar sig färdigt (och blir krämigt) kanske du vill lägga till fonden en halv kopp i taget så att det inte blir för vattnigt.

f) Tillsätt fonden med saffran i ca 20 minuter.

g) Risotton är klar när den är kokt men al dente. Smaka hela tiden när du går till monitorn. Stäng av värmen. Rör ner osten och resten av smöret. Vispa.

h) Justera saltet. Servera med resterande vin.

86. Risotto med tre ostar

Utbyte: 8 portioner

Ingredienser

- 1 msk olivolja

- 1 kopp hackad lök

- 1 salt; att smaka

- 1 nymalen vitpeppar; att smaka

- 6 dl kycklingfond

- 2 tsk hackad vitlök

- 1 pund arborioris

- 1 msk smör

- $\frac{1}{4}$ kopp tung grädde

- $\frac{1}{4}$ kopp riven parmigiano-reggianoost

- $\frac{1}{4}$ kopp riven romanoost

- $\frac{1}{4}$ kopp riven Asiago ost

- 2 msk hackad gräslök

Vägbeskrivning:

a) Tillsätt olivoljan i en stor stekpanna på medelvärme. När oljan är varm, tillsätt löken och smaka av med salt och peppar.

b) Fräs i 3 minuter, eller tills löken är lite mjuk. Tillsätt fonden och vitlöken. Koka upp vätskan och låt sjuda. Koka i 6 minuter.

c) Tillsätt riset och låt sjuda i 18 minuter under konstant omrörning eller tills blandningen är krämig och bubblig. Tillsätt smör, grädde, ost och gräslök. Krydda med salt och peppar. Sjud i 2 minuter och servera genast.

87. Jalapeño risotto med jack cheese

Utbyte: 6 portioner

Ingredienser

- 6 dl osaltad kycklingfond

- ½ kopp osaltat smör

- 1 kopp finhackad lök

- 6 medelstora Jalapeñopeppar; frö/färs

- 1 vitlöksklyfta; mald

- 1½ kopp arborioris

- 1 kopp Dry Jack ost

Vägbeskrivning:

a) Koka upp buljongen i en tjock kastrull på hög värme. Ta bort från värmen och håll varmt.

b) I en stor tjock kastrull, smält smör på måttligt låg värme. Tillsätt lök, jalapeño och vitlök och koka, rör om då och då, tills den mjuknat, 6 till 8 minuter. Tillsätt ris och rör om så att det täcks väl med smör.

c) Rör i 1 kopp varm fond och koka under omrörning tills vätskan absorberas, 10 till 12 minuter.

d) Fortsätt att koka risotton, tillsätt varm fond, $\frac{1}{2}$ kopp i taget, och rör om tills de absorberats och kornen är precis mjuka men fortfarande fasta att bita i, 30 till 40 minuter.

e) Riv ost. Rör ⅓kopp ost i risotton. Täck över och låt stå i 3 minuter. Servera på tallrikar och passera resterande ost- och pepparkvarn separat. Serverar 6 som förrätt.

88. Purjolök och mascarpone risotto

Utbyte: 1 portioner

Ingredienser:

- $3\frac{1}{2}$ pint grönsaks- eller kycklingfond

- 3 uns osaltat smör

- 4 purjolök; skivad (vit del

- ; endast)

- 1 tsk Hackade timjanblad

- 6 uns Mascarpone ost

- 2 lökar; finhackat

- 1 pund Arborio eller cararoniris

- 1 glas torrt vitt vin

- 3 uns riven parmesan

- 4 matskedar hackad persilja

- Salt och mald svartpeppar

- Solrosfrön; rostat

Vägbeskrivning:

a) Smält hälften av smöret i en kastrull, tillsätt lök, timjan och purjolök och svetta dem i 5-6 minuter. Tillsätt riset och koka tills det är helt täckt med smör.

b) Häll i vinet, rör om och tillsätt sedan fonden gradvis och koka i ca 15 minuter. Rör sedan ner mascarponeosten följt av parmesanen.

c) Tillsätt den hackade persiljan och resten av smöret för att ge en silkeslen glans till rätten. Krydda med mald svartpeppar och salt och rör om igen.

d) Häll risotton i en form och garnera med persilja och rostade solrosfrön.

89. Pesto valnötsrisotto

Utbyte: 4 portioner

Ingredienser:

- $1\frac{1}{2}$ matsked vegetabilisk olja

- $\frac{3}{4}$ kopp lök, hackad

- 1 kopp Arborio ris

- 3 dl kycklingbuljong med låg fetthalt

- $\frac{1}{4}$ kopp nästan fettfri pesto

- $\frac{1}{2}$ kopp valnötter

- $\frac{3}{4}$ kopp parmesanost

- Nymalen svartpeppar

Vägbeskrivning:

a) Värm olja i 2-quarts mikrovågssäker skål på High i 2 minuter. Rör ner lök och koka på hög i 2:30. Rör i ris för att täcka med olja och koka 1:30. Tillsätt 2 koppar buljong och koka på hög temperatur i 14 minuter, rör om en gång.

b) Tillsätt återstående buljong och pesto och koka i 12 minuter, rör om en gång. Testa om de är klara under de sista minuterna av tillagningen. Ta bort från mikrovågsugnen och rör ner valnötter och parmesan. Servera omedelbart.

90. Åtta örtsrisotto

Utbyte: 4 portioner

Ingredienser:

- Extra virgin olivolja

- 1 vitlöksklyfta

- 7 uns non-stick ris

- 1 kopp vitt vin

- 4 skalade tomater; hackad

- Salt

- 1 klick smör

- 4 matskedar Parmigiano Reggiano

- 3 msk grädde

- 6 basilikablad

- 4 salviablad

- 1 tofs persilja

- Några nålar färsk rosmarin

- 1 nypa timjan

- 1 tofs gräslök

- 3 färska dillkvistar

Vägbeskrivning:

a) Hacka örterna fint och fräs dem lätt i en liten mängd olivolja, tillsammans med vitlöken.

b) Koka under tiden de hackade tomaterna i saltvatten.

c) Ta ut vitlöken och tillsätt riset, fräs kort och tillsätt en kopp vitt vin.

d) När vätskan avdunstat, tillsätt de hackade tomaterna.

e) Tillsätt en klick smör, rikligt med parmigiano och några skedar grädde på slutet.

91. Mousserande vitvinsrisotto

Serverar 4

Ingredienser:

- 1 lök, skalad och finhackad

- 1/2 till 1 flaska Torr Spumante

- 1/4 stängselleri, hackad mycket fint

- 1,2 liter (2 pints) kycklingfond

- 75 g (3 oz) osaltat smör

- havssalt och nymalen svartpeppar

- 400 g (14 oz) helst arborioris

- 50 g (2 oz) riven Grana Padano ost

Vägbeskrivning:

a) Fräs löken och sellerin mycket försiktigt i hälften av smöret tills det är mjukt och genomskinligt.

b) Tillsätt allt ris och rosta kornen, vänd ner dem i smöret och löken tills det är väldigt varmt men inte fått färg.

c) Rör ner ett stort glas fullt med Spumante och rör tills alkoholen har avdunstat, tillsätt sedan mer vin och upprepa.

d) När allt vin, förutom ett sista glas, är förbrukat och ångorna från alkoholen har kokat bort, börja tillsätta den varma fonden.

e) Rör hela tiden och låt all vätska absorberas innan du tillsätter mer.

f) Fortsätt att koka riset på detta sätt, rör om och se till att riset alltid drar i sig fonden innan du tillsätter mer vätska.

g) När risotton är krämig och sammetslen, men riskornen fortfarande är fasta, ta den av värmen och rör ner det återstående smöret, osten och det sista glaset Spumante.

h) Justera kryddningen och täck i cirka 2 minuter, rör sedan försiktigt en gång till och lägg över på ett uppvärmt fat.

92. Äppelrisotto

Utbyte: 1 portioner

Ingredienser:

- 2 matskedar sött smör; plus 2 T

- 2 matskedar jungfruolja

- 1 stor rödlök; finhackat

- 2 Granny Smith-äpplen, skalade, urkärnade; skivade 1/8" bitar

- $1\frac{1}{2}$ kopp arborioris

- 1 kopp torrt vitt vin

- 4 dl hemgjord kycklingfond

- $\frac{1}{4}$ kopp Nyriven Parmigiano-Reggiano

- 1 knippe italiensk platt bladpersilja

- Salt och mald svartpeppar; att smaka

Vägbeskrivning:

a) Värm 2 matskedar sött smör och jungfruolja tills det smält samman.

b) Tillsätt löken och stek på medelvärme tills den är mjuk och ännu inte fått färg. Tillsätt äpplen och ris och koka cirka 3 till 4 minuter, tills riset har fått en pärlemorfärgad ogenomskinlig kvalitet. Tillsätt vinet och låt sjuda tills det har avdunstat.

c) Tillsätt tillräckligt med varm kycklingfond för att täcka riset och koka tills vätskenivån sjunker under toppen av riset.

d) Fortsätt koka, tillsätt fond och rör hela tiden tills det mesta av fonden är borta, cirka 15 till 18 minuter.

e) Rör ner resterande 2 msk smör, riven ost och persilja och smaka av med salt och peppar. Servera genast med ytterligare riven ost vid sidan av.

93. Jordgubbsrisottopannkakor

Utbyte: 1 portioner

Ingredienser:

- Jordgubbar; hackad
- Arborio ris
- Hackad lök
- Smör
- Kokosmjölk
- Grädde
- Grönsaksbuljong
- vitt vin
- Färdiga pannkakor
- Socker
- Smör
- Citron
- Apelsiner
- Kalk
- Brandy

Vägbeskrivning:

a) Häll lite smör i en het panna. Tillsätt olivolja, lök och koka tills det är brunt och tillsätt sedan riset och fräs.

b) Tillsätt vitt vin, jordgubbar och grönsaksfond. Blanda väl. Värm några fler jordgubbar i en liten panna och tillsätt socker och konjak. Tillsätt detta till risotton med lite extra smör, kokosmjölk och singelgrädde.

Pannkakor:

c) Hetta upp lite smör i en stekpanna och tillsätt socker, citron, apelsinjuice och låt bryna. För in pannkakorna i blandningen och toppa med skalet av citroner, apelsiner och limefrukter.

d) Tillsätt konjak och flamberad, tillsätt sedan apelsin- och citronsaft.

e) Servera med lite kokosglass.

94. Pumpa och äpple risotto

Utbyte: 8 portioner

Ingredienser:

- 2 koppar bakad pumpa; purerad

- 2 koppar äppelcider; eller äppeljuice

- 2 matskedar olivolja; dividerat

- 2 dl Arborio ris

- $2\frac{1}{2}$ kopp varmt vatten; delad, upp till 3 koppar

- $\frac{1}{2}$ kopp hackad lök

- $\frac{1}{2}$ kopp skalade äpplen; kärnade och tärnade

- $\frac{1}{4}$ kopp rostad röd paprika; skalade, kärnade och tärnade

- $\frac{1}{2}$ Scotch bonnet chili; fröad och mald ELLER 1 tsk varm sås på flaska

- $\frac{1}{4}$ kopp rostad poblano chili; skalade, kärnade och tärnade

- $\frac{1}{2}$ tsk Mald kanel

- $\frac{1}{4}$ tesked Mald kryddpeppar

- 2 msk Färsk mejram

- 1 tsk salt

- $\frac{3}{4}$ tesked Nymalen svartpeppar

- $\frac{1}{4}$ kopp skalade pumpafrön

Vägbeskrivning:

a) Häll 1 kopp pumpapuré i kastrull med cider eller juice. Låt sjuda, koka tills det är varmt, cirka 2 minuter. Ställ åt sidan, håll värmen.

b) Värm hälften av oljan i en separat kastrull på medelhög värme. Tillsätt ris; sautera tills varje korn är täckt med olja. Rör i 2 koppar varmt vatten; låt puttra. fortsätt koka och rör om tills det mesta av vattnet har absorberats.

c) Tillsätt pumpa-ciderblandningen $\frac{1}{4}$ kopp i taget, alternerande med återstående heta vatten, rör om och koka långsamt mellan varje tillsats tills vätskan absorberas och riset är al dente, cirka 20 minuter. Avlägsna från värme; hålla varm.

d) I medelstor sautépanna, värm återstående olja på medelhög värme. Fräs löken tills den är mjuk, ca 2 minuter. Lägg till äpple; koka 1 till 0 2 minuter till. Rör ner paprika, chili, torra kryddor och resterande pumpapuré.

e) Rör blandningen i hett ris. Precis innan servering, rör ner pumpafrön och krydda. Gör 8 till 10 portioner.

95. Risotto med apelsinsmak

Utbyte: 4 portioner

Ingredienser:

- 1 medelstor lök, hackad

- 2 matskedar vegetabilisk olja

- 1 kopp brunt ris

- 4 dl grönsaksfond

- 1 pund Fast tofu, skuren i strimlor

- 1 liten burk vattenkastanjer, avrunna sköljda & tunt skivade

- $\frac{1}{2}$ kopp russin

- 2 tsk Tamari

- 1 Apelsin, saftad & rivet skal

- 1 streck kanel

- 2 msk persilja, hackad

- Salta & peppra, efter smak

- 4 matskedar cashewnötter

Vägbeskrivning:

a) Fräs löken i oljan på måttlig värme i 2 till 3 minuter, rör om då och då. Rör ner riset och koka i 1 minut. Häll i fonden, täck över och låt koka upp. Sänk värmen och låt sjuda i 40 minuter.

b) Medan riset kokar, blanda ihop tofustrimlorna, vattenkastanjerna, russin, tamari, apelsinskal och juice. Tillsätt kanel och persilja. Avsätta.

c) När riset har kokat, rör ner tofublandningen och värm försiktigt igenom. Krydda med salt & peppar. Servera varm garnerad med nötterna.

96. Persika & russin risotto

Utbyte: 4 portioner

Ingredienser:

- 2 förpackningar Frysta persikor i sirap

- Tina (10 oz vardera)

- 4 matskedar osaltat smör el

- Margarin

- $\frac{1}{2}$ kopp vinbär

- 1 kopp Arborio ris

- 2 msk mörk rom

- 2 matskedar strösocker

- $\frac{1}{2}$ kopp kraftig grädde

- brunt socker

Vägbeskrivning:

a) Häll av persikorna, spara sirapen. Skär persikorna i $\frac{1}{2}$-tums bitar. I en medelstor kastrull, kombinera sirapen med tillräckligt med vatten för att mäta 4 koppar.

b) Koka upp och låt sjuda på måttligt låg värme. Smält 2 matskedar av smöret på måttlig värme i en stor icke-reaktiv kastrull eller en brandsäker gryta.

c) Tillsätt vinbär och koka i 2 minuter. Tillsätt ris och rör om i 1-2 minuter, tills det är väl täckt med smör och något genomskinligt. Tillsätt rom och koka tills den avdunstar.

d) Tillsätt $\frac{1}{2}$ kopp av den sjudande sirapen och koka under konstant omrörning tills riset har absorberat det mesta av vätskan. Justera vid behov värmen för att bibehålla en sjud.

e) Tillsätt gradvis sirap, $\frac{1}{2}$ kopp i taget, koka under konstant omrörning tills riset är. Tillsätt strösocker, de reserverade persikorna och den tunga grädden.

f) Fortsätt att koka, rör om och tillsätt sirap vid behov, $\frac{1}{4}$ kopp i taget, tills riset är mört men fortfarande fast och binds med en krämig sås, 3-6 minuter längre.

g) Rör ner de återstående 2 msk smör och servera genast. Passera en skål med farinsocker separat.

97. Citrusrisotto

Utbyte: 2 portioner

Ingredienser

- ½ msk olivolja

- 1 vitlöksklyftor

- ½ lök

- ¾ kopp kortkornigt ris

- 1 tsk rivet citronskal

- 1 tsk rivet apelsinskal

- ⅛ kopp citronsaft

- ¼ kopp apelsinjuice

- 1¾ kopp varma grönsaker. fond eller vatten

- ½ msk strimlat apelsinskal

- ½ msk strimlat citronskal

Vägbeskrivning:

a) Hetta upp oljan i en stor panna. Tillsätt vitlök och lök och koka på låg värme i 2-3 minuter. Rör ner riset och se till att kornen är väl belagda i oljan.

b) Tillsätt rivet citron- och apelsinskal, juice, fond eller vatten.

c) Koka upp och sänk sedan värmen till en sjud.

d) Täck över och koka i 25 minuter eller tills riset är mört.

e) Lägg riset på ett serveringsställe, garnerat med kombinerat rivet apelsin- och citronskal.

f) Servera omedelbart

VIALONE NANO

98. Risotto med fyra ostar

Serverar 4

Ingredienser:

- 75 g (3 oz) osaltat smör

- 5 matskedar riven Grana Padano ost

- 1 liten till medelstor lök, skalad och finhackad

- 40 g (11/2 oz) Fontinaost, i tärningar

- 350 g (12 oz) Vialone Nano-ris

- 40 g (11/2 oz) emmentalerost, i tärningar

- 1,2 liter (2 pints) lager

- 25 g (1 oz) Gorgonzola eller Dolcelatte

- Havssalt och nymalen svartpeppar

Vägbeskrivning:

a) Fräs löken i hälften av smöret i cirka 10 minuter på mycket låg värme, eller tills löken är mjuk men inte fått färg.

b) Rör ner riset och rosta kornen ordentligt på alla sidor, så att de blir ogenomskinliga men inte får färg.

c) Tillsätt den första slev heta fonden och rör ner den.

d) Fortsätt sedan som vanligt, tillsätt fonden, låt riset absorbera vätskan och all dess smak, under konstant omrörning.

e) När riset är nästan helt mjukt och krämigt, rör ner all ost och resten av smöret.

f) Smaka av och justera kryddningen, täck sedan över och låt vila i cirka 3 minuter innan du överför till ett fat för servering.

BALDO RISOTTO

99. Svamp-sparris Risotto

Portioner: 4

Ingredienser

- 7 dl kyckling- eller grönsaksbuljong med lägre salthalt

- Kosher salt

- 1/4 kopp extra virgin olivolja

- 1-1/4 dl hackad schalottenlök

- 2 tsk. finhackad vitlök

- 7 oz. vit, cremini-, ostron- eller portobellosvamp, stjälkade, rengjorda och grovt hackade (2 dl)

- 12-1/4 oz. (1-3/4 koppar) turkiskt baldoris

- 1/2 kopp torrt vitt vin

- 6 oz. medelstora sparrisspjut (cirka 10), klippta och skurna på diagonalen i 1-tums bitar (1 kopp)

- 1 oz. Pecorino Romano eller Parmigiano-Reggiano, finriven

- Nymalen svartpeppar

Vägbeskrivning:

a) Lägg buljongen i en 3-liters kastrull, tillsätt en nypa salt och låt koka upp på hög värme; sänk värmen för att behålla en sjud.

b) Värm oljan i en bred, kraftig 5- till 6-quart gryta över medelhög värme. Tillsätt schalottenlöken, sänk värmen till medel och koka, rör om då och då, tills den är mjuk och genomskinlig, cirka 3 minuter. Tillsätt vitlöken och koka under omrörning tills den mjuknat och doftar, cirka 1 minut. Tillsätt svampen, höj värmen till hög och koka, rör om ofta, tills den mjuknat, cirka 2 minuter. Sänk värmen till medel, tillsätt riset och koka, rör om ofta, tills riset är lätt rostat, cirka 3 minuter.

c) Tillsätt vinet och koka under omrörning tills det mesta absorberats, cirka 30 sekunder.

d) Rör ner ca 1-1/2 dl av den sjudande buljongen i riset. Sänk värmen för att bibehålla en sjud och koka, rör om ofta, tills det mesta av buljongen absorberas, cirka 1 minut. Tillsätt ytterligare 1-1/2 dl buljong och koka, rör om ofta, tills det mesta absorberats, cirka 3 minuter. Upprepa processen en eller två gånger till, smaka av riset med några minuters mellanrum efter den tredje tillsatsen av buljong tills det bara är blyg för fast till tuggan men utan ett krispigt centrum, cirka 12 minuter efter den första tillsatsen av buljong.

e) Rör ner sparrisen och 1 dl buljong. Täck över, sänk värmen till låg och koka tills sparrisen är knaprig och riset är mört men med lite motstånd, cirka 5 minuter. Ta av från värmen och vänd ner osten. Täck över och låt stå i 5 minuter. Smaka av med salt och servera genast, strö över svartpeppar.

f) Sparris Svartpepparkorn Cremini Champinjoner Vitlök Kosher Salt Olivolja

100. Spenat & säsongsbetonad svamprisotto

Portioner 2

Ingredienser

- 200 g turkiskt Baldo-ris

- 150 g säsongsbetonad svamp rensad & grovhackad

- 1 lök skalad & finhackad

- 2 nävar spenatblad tvättade & grovt hackade

- 1 vitlöksklyfta skalad & finhackad

- 1 msk parmesanost fint riven

- 2 knoppar smör

- 1,5 liter buljong kyckling eller grönsak

- 1 msk olivolja att servera - valfritt

- 1 tsk chiliflakes att servera - valfritt

Vägbeskrivning:

a) Koka först upp fonden i en stor kastrull och låt sedan puttra på låg värme.

b) Smält smöret på medelhög värme i en separat kastrull och tillsätt löken.

c) Fräs din lök försiktigt i ett par minuter tills den börjar svettas.

d) Tillsätt nu din vitlök och fortsätt att koka i 2 minuter till.

e) När löken har börjat mjukna, tillsätt riset i pannan tillsammans med en nypa salt och rör om för att täcka kornen i lök- och smörblandningen.

f) Tillsätt nu dina svampar, blanda med riset och rör försiktigt i en minut.

g) Ta en slev fond, tillsätt svampen och riset och rör om försiktigt med en träslev tills vätskan nästan har avdunstat.

h) Ta nu ytterligare en slev fond och upprepa processen, rör försiktigt tills vätskan avdunstar.

i) Fortsätt att tillsätta fond, en slev i taget, och rör om tills det nästan avdunstar.

j) Fortsätt göra ett smakprov och när ditt ris är al dente och du har en osy sås är din risotto kokt.

k) Ta bort risotton från värmen, tillsätt en klick smör och din parmesanost och rör ner i riset.

l) Lägg nu på dina spenatblad, lägg ett lock på pannan och låt stå i 5 minuter.

m) Efter 5 minuter, ta av locket, rör ner den vissna spenaten och servera.

n) Om du vill, tillsätt en klick olivolja och strö över chiliflakes innan du äter.

SLUTSATS

Risotto är så tröstande men samtidigt elegant. Jag älskar att du kan göra den med praktiskt taget vilken typ av fond eller buljong du har till hands, rör i vilka grönsaker du vill och toppa den med allt från rostade räkor till stora spån av parmesanost.